교사 블로그하다

블로거가 되고 나는 좋은 선생님이 되었다

심재근

박영story

머리말

당신이 블로그를 하면 좋겠습니다.

블로그에 대한 관심이 다시 높아졌습니다. 코로나19로 인해, MZ 세대의 유입으로 인해, 블로그는 다시 전성기를 맞이했습니다. 블로그는 꾸준히 기록하기에 좋은 플랫폼입니다. 〈종의 기원〉으로 유명한 찰스 다윈은 2,000쪽 분량의 비망록 덕분에 진화론을 탄생시켰습니다. 1일 1독서 1서평을 꾸준히 실천한 니나 상코비치는 세계적으로 유명한 서평가가 되었습니다. 교사들의 기록은 더 좋은 선생님, 나아가 더 나은 교육을 만드는 기반이 될 것입니다.

저는 교사 블로거로 4년간 활동했습니다. 4년이란 시간 동안 1,400개의 게시물을 올렸습니다. 제 블로그에는 저와 제 교실의 기록이 쌓여 있습니다. 기록, 블로그는 제 삶을 바꿔주었습니다. 소비자에서 생산자가 되어 누군가에게 도움을 줄 수 있게 되었습니다. 제 수업을 보고 멋지다고 이야기해주는 사람들이 생겼습니다. 저 같은 선생님이 있다면 대한민국의 미래가 밝아질 거란 얘기를 들었습니다. 그 바람에 부응하고자, 더 발전하는 교사가 되기 위해 오늘도 제 수업을 블로그에 기록합니다. 이런 선순환을 많은 선생님들이 경험할 수 있기를 바라며 이 책을 썼습니다.

1부 [교사 블로거가 되어야 하는 이유]에서는 블로그를 해야 하는 이유에 대해 역설합니다. 제가 블로그를 시작한 이유와 왜 블로그를 해야 하는지 적었습니다. 최근 MZ 세대의 소통 창구로 떠오른 블로그를 통해 학생들과 소통하고, 나만의 브랜드를 만들 수 있는 가능성을 소개했습니다.

2부 [블로그 개설 & 운영 꿀팁]에서는 제가 4년 동안 교사 블로거로 활동하며 깨달은 다양한 팁들을 정리해 봤습니다. 선생님들이 더 쉽게 블로그를 시작하고 블로거로 꾸준히 나아갈 수 있는 방법을 찾고자 노력했습니다.

3부 [블로그와 교실을 잇다]에서는 교사의 블로그를 어떻게 차별화할 수 있는지 소개합니다. 실제 포스팅 내용을 예시로 보여드리며, 블로그와 교육을 연계할 수 있는 방안을 정리했습니다.

4부 [블로거가 되기 전에는 몰랐던 것들]에서는 블로그를 통해 바뀐 제 삶을 보여드립니다. 그리고 이 긍정적인 변화를 많은 선생님들이 느끼길 바라는 마음으로, 교사 블로거의 길을 권유드립니다.

이 책을 통해 많은 분들이 블로그를 운영하고, 자신의 경험과 지식을 기록하고 공유하는 것의 가치를 알게 되었으면 좋겠습니다. 블로그를 운영하면서 새로운 도전과 성장을 경험하고 다른 이들에게도 영감과 도움이 되는 존재가 되길 바랍니다.

저와 함께 당신의 블로그 여정을 시작해 보시겠습니까?

BLOG

교사,
블로그를 하다.

목차

3부 블로그와 교실을 잇다

4부 블로거가 되기 전에는 몰랐던 것들

교사 블로거가
되어야 하는 이유

PART 1

교사 블로거가 되어야 하는 이유

1-1 블로그를 시작하다

2020년 코로나19가 전 세계를 덮쳤습니다. 사람들의 일상에도 많은 변화가 있었어요. 특히 저에겐 상상하지도 못했던 변화가 생겼습니다. 대학 시절 유행했던 싸이월드 이후, SNS는 전혀 하지 않던 제가 블로그를 시작하게 된 것입니다.

기억하시겠지만 코로나19로 인해 1학기 개학이 연기됐었어요. 담임 배정 후 3월 2일 첫날을 위해 만들어두었던 자료들과 편지는 모두 쓸모가 없어져 버렸죠. 아이들과는 결국 메신저 오픈 채팅방으로 첫인사를 나눴습니다. 작은 학교에서 매일 얼굴을 보던 사이라 딱히 어색함은 없었지만, 채팅방 '읽음'표시 숫자를 뚫어져라 보고 있는 제 모습에 헛웃음이 나오면서도 참 서글펐습니다.

등교 개학이 계속 연기되다가 결국은 온라인 개학을 실시하기로 결정되었습니다. 매일 학교로 나와야 할 아이들이 집에서 수업을 듣게 된 거죠. 쌍방향 수업을 할지, 단방향 수업을 할지, 아니면 학습 꾸러미만 전달할지, 급하게 결정해야 할 것이 한둘이 아니었습니다. 일단 아이들 출석은 어떻게 확인할 것인지, 중요 안내 사항은 어떻게 전달할 것인지부터 고민해야 했어요.

저는 오픈 채팅방으로 그날 일과를 설명해 주고, e학습터를 활용해 수업 영상을 시청하는 형식으로 온라인 수업을 진행했습니다. 아이들이 수업을 듣는지 e학습터 진도율을 믿을 수밖에 없는 상황이었습니다. e학습터 서버는 불안정했고, 자연스레 아쉬움은 커졌습니다.

과제는 어떻게 내줄까?

피드백은 어떻게 해줄까?

이런 고민을 해결하기 위해 생각한 것이 블로그입니다. 처음에는 블로그에 아이들 출석 상황을 정리하기 시작했습니다.

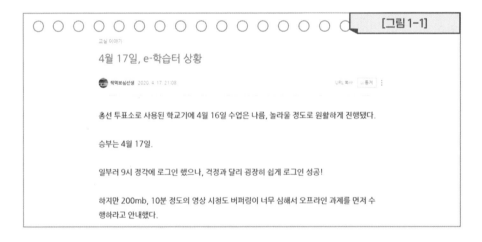

진도율이 100%가 되지 않은 이유나 학습 시간이 0으로 표시되는 이유 등을 적기 시작했습니다. 아이들에게 출석 상황이 체크되고 있다는 안내와 긴장감 조성, 그리고 나중을 위한 기록이 목적이었습니다.

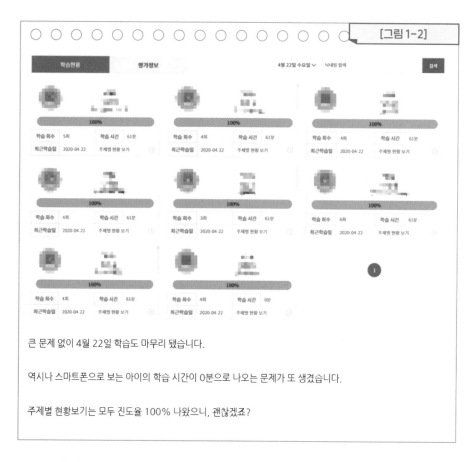

[그림 1-2]

큰 문제 없이 4월 22일 학습도 마무리 됐습니다.

역시나 스마트폰으로 보는 아이의 학습 시간이 0분으로 나오는 문제가 또 생겼습니다.

주제별 현황보기는 모두 진도율 100% 나왔으니, 괜찮겠죠?

그렇게 아이들의 진도율과 학습 시간 등을 꾸준히 정리했고, 블로그 글을 채팅방에 공유했습니다. 이렇게 통계가 생성된다는 것을 아이들이 알게 되니, 링크를 알려주기도 전에 일부러 확인하러 오는 아이도 있었어요. 더 나아가 과제를 내주는 데 활용하기 시작했습니다.

[그림 1-3]

예시
가는 날이 장날
뜻: 일을 보러 가니 공교롭게 장이 서는 날이라는 뜻으로, 어떤 일을 하려는데 생각지 못한
일이 생기는 상황을 비유한 말.

1. 가는 말이 고와야 오는 말이 곱다
뜻:

2. 남의 손의 떡은 커 보인다
뜻:

3. 남의 잔치에 감 놓아라 배 놓아라 한다
뜻:

4. 마른하늘에 날벼락이다
뜻:

5. 말이 씨가 된다
뜻:

컴퓨터나 프린터 사용이 힘든 아이들이 많았기에 생각한 교육지책이었습니다. 그럼에도 저는 매일 블로그에 글을 올리고, 아이들은 블로그를 확인하는 일상에 적응해냈습니다.

소규모 학교라 온라인 수업 기간은 짧았고, 아이들은 등교를 시작했어요. 온라인 수업을 위해 시작한 블로그였지만, 아이들이 교실에 온 뒤에도 블로그는 멈추지 않았습니다. 어느새 블로그가 일상이 된 것입니다.

점차 1일 1포스팅이 익숙해지기 시작했고, 다양한 교실 속 모습들을 하나씩

정리하기 시작했어요. 하루에 한 번은 블로그에 올릴 수 있을 만한 수업을 하자는 목표가 생겼고, 그것을 위해 수업 준비에 공을 들였습니다. 수업 자료를 얻어 쓰기만 하던 것을 넘어 스스로 자료를 만들기 시작했고요.

지금은 1,400개가 넘는 글이 쌓여있고, 네이버 이달의 블로그에도 선정되는 등 블로그가 제 삶에 깊숙이 들어왔습니다. 블로그 덕분에 지금은 꽤 괜찮은 교사가 된 것 같은 기분도 느끼고 있고요. 이 기분을 혼자만 느끼고 싶지 않아 주변에 "블로그 좀 해라!"라고 외치고 다녔습니다. 그 외침을 이제 책으로 정리해보려고 합니다.

여러분들도 블로그를 시작하셨으면 좋겠습니다. 제가 경험했던 긍정적인 변화를 여러 선생님들이 느끼셨으면 좋겠습니다. 그리고 그 변화가 더 나은 학교, 더 멋진 미래를 만드는 밑거름이 되길 희망합니다.

교사,
블로그를 하다.

1-2 블로그, 왜 하나요?

네이버 블로그 리포트에 따르면, 2021년 신규 블로그만 2백만 개가 넘었다고 해요. 하루에 5,500개 정도의 블로그가 새로 개설된 셈입니다. 압도적으로 늘어난 새 블로그 덕에 네이버 블로그는 3천만 시대를 열었고, 누적 글 수는 30억 개에 달합니다. 2020년과 2021년에 작성된 글은 각각 3억 건 정도로 네이버 블로그 서비스 시작 이후 역대 최고 수치였어요. 2021년 블로거들이 기록한 글을 A4 용지로 쌓으면, 에베레스트산의 3.6배 높이가 된다고 합니다. 어마어마한 양입니다.

유튜브의 등장으로 소위 지는 해라고 여겨졌던 블로그가 다시 주목받고 있습니다. 전문가들은 코로나19로 인한 '집콕족'의 증가가 가장 큰 이유라고 꼽는데요. 이 흐름은 교사들 사이에서도 마찬가지였습니다. '교사', '선생', '쌤', '샘', '교실' 등을 검색해 보면 수많은 블로그들이 등장합니다. 저처럼 수업이 계기가 되었든, 집콕으로 인한 소통이 목적이 되었든 많은 교사 블로거들이 활동하고 있습니다. 그 속에서 다양한 교실 이야기들도 펼쳐지고 있고요.

도대체 블로그에 어떤 매력이 있기에 이렇게 많은 사람들이 빠져 있는 걸까요? 제가 4년 동안 블로그를 하며 느낀 장점은 다음과 같습니다.

첫 번째는 기록이 쌓인다는 겁니다. <종의 기원>으로 유명한 찰스 다윈은 기록의 힘을 방증하는 인물입니다. 세계 일주 항해에 해안과 항구를 조사하는 임무를 수행하는 박물학자로 동승한 찰스 다윈은 5년여의 탐사 기간 동안 18권, 2,000쪽 분량의 비망록(잊지 않으려고 중요한 골자를 적어 둔 책자)을 작성했습니다. 또한 따로 751쪽의 일기를 썼고, 알코올 용액에 보존한 표본 1,529점, 박제하려고 벗긴 동물의 껍질, 뼈 화석 등은 3,907점이나 됩니다. 이런 장기간의 기록과 자료 보존이 진화론을 탄생하게 만든 원동력이 되었어요.

제 블로그에는 2020년 3월 첫 번째 글을 올린 이후로 약 1,400건의 기록이 남아 있습니다. 하루에 한 건 정도의 글을 올린 셈입니다. 수업 자료와 적용 후기, 책 서평, 교과 지식 정리, 일상 등 종류도 다양합니다. 물론, 아이들과 함께 했던 교실 이야기가 주를 이루고 있습니다. 블로그를 하지 않았다면 그냥 지나쳤을 이야기였을 거예요. 블로그를 시작하기 전이었다면 찍어둔 사진은 어딘가 날아갔을 것이고, 수업 자료는 교실을 옮기며 사라졌을 겁니다. 하지만 지난 4년의 시간들은 블로그에 기록되어 언제든 검색해 확인할 수 있는 비망록이 되었습니다. 제 블로그의 기록이 위대한 '진화론'을 탄생시킬 수는 없을지도 몰라요. 하지만 좋은 수업을, 좋은 교실을 만드는 데 일조하여 위대한 인물을 탄생시킬 수는 있을 것 같습니다.

두 번째 장점은 정보 공유가 쉽다는 점입니다. 정보의 홍수 시대에 살고 있는 지금, 나에게 필요한 정보를 찾아내는 일은 더욱 힘들어졌어요. 그렇기에 내가 관심 있는 정보만, 내 주변 사람이 관심 있는 정보만 얻는 우물 안 개구리가 되기에 십상입니다.

블로그에서는 다양한 사람들과 소통할 수 있습니다. 블로그에는 많은 '이웃'들이 존재하거든요. 그리고 이 이웃들이 많은 정보를 공유해 줍니다. 이웃 관리만 잘해둔다면, 양질의 정보들을 조금 더 쉽게 얻을 수 있게 됩니다. 나승빈 선생님 블로그에서는 학급 운영 아이디어를, 이종대왕 선생님의 블로그에서는 학습놀이를, 행복한 김선생님 블로그에서는 그림책 관련 정보를 확인할 수 있습니다. 내가 검색하는 것이 아니라 선생님들이 글을 올리실 때마다 '이웃새글' 피드에서 확인할 수 있는 것이죠.

똑같은 일상을 반복하다 보면 찾고 싶은 정보도, 묻고 싶은 질문도 한정되기 마련입니다. 한 걸음 더 나아가서 발전하기 위해서는 계기가 필요해요. 독서, 연수, 주변인과의 대화 등이 그러한 계기가 됩니다. 저는 블로그가 그 역할을 가장 많이 해주었습니다. 블로그로 '폰카시'를 접해 아이들과 폰카시 쓰기 프로젝트를 진행할 수 있었고, 좋은 책과 그림책 활동들을 교실에 적용할 수 있었습니다.

세 번째는 전문성 향상입니다. 〈걷다 느끼다 쓰다〉의 이해사 작가는 한 분야에서 10년을 일했다면 '전문가'라고 부를 수 있다고 이야기합니다. 블로그를 시작한 것이 2020년, 저는 2009년에 첫 발령을 받아 계속 근무했으니 전문가의 조건에 들어가더라고요. 하지만 막상 저 자신을 전문가라고 이야기하기가 어려웠습니다. 담임을 맡는 학년, 배정받은 업무가 거의 매년 바뀌었기 때문입니다. 1년 동안 6학년 교육과정과 체육 업무가 익숙해졌다 싶으면, 다음 해에는 4학년 담임에 방과후학교 업무를 맡게 됐어요. 그래도 10년 넘게 '담임'을 했다는 점은 변함이 없어 희망을 가져봤습니다. 하지만 10년 동안 꾸준히 한 학급 운영 방식이나 프로젝트 활동이 없다는 것에 좌절했어요.

블로그는 이런 점을 보완해 주었어요. 2020년도에 정리한 '한 학기 한 권 읽기' 수업 내용은 2021년에 조금 더 보완해 적용할 수 있었습니다. 블로그에 수업 후기를 정리하며 아쉬운 마음이 들어, 다른 책으로 수업을 준비하다 보니, 2021년에는 아이들과 다섯 권의 책을 함께 읽을 수 있었습니다. 그렇게 매년 3-4권의 한 학기 한 권 읽기 수업을 진행하며 많은 경험을 쌓게 되었습니다.

그리고 이 과정을 전자책으로 출판하기도 했고, 한 학기 한 권 읽기 연수 강사로도 활동하게 되었어요. 아직 독서교육 전문가라고 불리긴 부족하지만, 블로그와 함께 제 전문성이 향상되고 있다고는 자신 있게 말할 수 있습니다.

블로그의 장점은 이 밖에도 여럿이 있습니다. 다양한 지역, 분야의 사람들과 소통을 할 수 있고, 목표 설정과 도달로 성취감과 활력을 얻을 수 있으며, 수익을 창출할 수도 있습니다. 그리고 이런 장점들은 포스트 코로나 시대에 더욱 주목받고 있고요.

여러분은 어떤 장점이 떠오르시나요? 하지 말아야 할 이유가 99개 있을지라도 해야 할 이유가 1개는 된다면, 한 번은 해봐야지 않을까요?

그리고 이왕이면 빨리 시작하셨으면 좋겠습니다.

1-3 MZ세대의 소통 창구, 블로그

교사의 중요한 덕목 중의 하나는 아이들 유행에 민감해야 한다는 것입니다. 유행에 뒤처지다 보면 아이들이 하는 말을 이해할 수 없게 되고, 이것이 소통 단절로 이어지기도 합니다. 반대로 요즘 아이들 관심사가 무엇인지, 많이 보는 것이 무엇인지 아는 것만으로도 '인기 교사'가 되기도 하고요. 제가 첫 발령 받았을 땐 일요일에 '개그콘서트'만 시청해 두면 일주일의 반은 먹고 들어간다는 우스갯소리가 있을 정도였죠.

수업 중간에 유행어 한마디를 섞어주고, 수업 자료에 아이돌이나 캐릭터 사진 한 장만 넣어도 반응이 폭발적입니다. 반대로 TV 프로그램 속 유행어를 모르면 아이들이 무슨 소리를 하는지 이해하지 못해 오해가 생길 수도 있습니다. 다음은 2021년 말에 교사 커뮤니티에서 발견한 어떤 선생님의 고민글이에요.

『오늘 아끼는 옷을 입고 왔습니다.

그런데 남자애들 둘이 뜬금없이 제 앞으로 오더니 "동네 앞 할머니 할아버지 패션!" 이러면서 발차기를 하는데 무슨 뜻일까요?

그 당시엔 별생각이 없어서 '얘들은 또 왜 이러니' 하면서 들여보냈는데

내일 따로 지도해야 하려나요?』

오해할 만한 상황입니다. 아끼는 옷을 입고 왔는데, '할머니, 할아버지 패션'이라고 놀리고 있는 것 같잖아요. 일단은 그냥 지나쳤지만 계속 화가 납니다. 내일 애들을 불러서 지도를 해야 할까 고민을 합니다.

명품보다 동묘앞 할아버지 할머니 패션

사실 아이들은 힙합 경연 프로그램에 나온 유명한 장면을 따라 한 거예요. 선생님 옷은 보지도 않고 자기들끼리 웃고 떠들었을 가능성이 높습니다. 다음날 애들을 불러 혼을 냈다면, 왜 혼났는지 이유도 몰랐을 겁니다. 만약 선생님께서 오히려 발차기하는 아이들을 보며 "쇼미가 힙합을 망치는 중이야(노래 가사 중 일부)"라고 한마디 하셨다면, 한바탕 웃으며 끝났겠지만 말이죠.

문제는 요즘은 유행이 순식간에 바뀐다는 겁니다. 아이들이 좋아하는 게임도, 유튜브 채널도, TV 프로그램도 얼마 가지 않습니다. 그렇다고 아이들 대화를 듣고 있다가 나오는 말들을 모두 검색해 보고 물어보며 따라가야 할까요?

네이버가 공개한 '2022 블로그 리포트'에 따르면 네이버 블로그 전체 이용자 중 약 76%가 10-30대로 집계되었습니다. 특히 1020 이용자는 계속 늘고 있고요. 최근 블로그가 10대들의 소통 플랫폼으로 부상하고 있다는 것이죠.

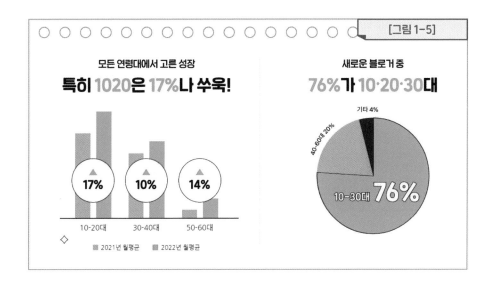

블로그는 짧은 글부터 긴 글까지 모두 쓸 수 있고 텍스트나 이미지, 동영상 등을 조합해 다양한 방식으로 기록을 남길 수 있습니다. 또한 블로그는 자신의 일상을 공유하면서도 타인과 적절한 거리를 유지할 수 있다는 점에서 Z세대들의 SNS 활용 트렌드에 부합합니다. 이로 인해 Z세대들의 유입이 많아지며 블로그가 대세 플랫폼이 되고 있습니다. 블로그가 젊은 세대의 놀이터가 된 것이죠.

이제 더 이상 매주 TV 프로그램을 챙겨보거나 아이들이 하는 게임을 찾아서 할 필요가 없어졌습니다. MZ 세대들이 작성한 다양한 이야기들, MZ 세대들을 겨냥한 정보성 글들을 블로그에서 쉽게 접할 수 있습니다. 블로그 활동만으로 아이들과 소통할 수 있는 주제들을 얻을 수 있게 되는 겁니다.

더 이상 블로그는 광고성 짙은 한물간 플랫폼이 아닙니다. MZ 세대의 대세로 떠오른 블로그를 통해 학생들과의 소통 기반을 마련해 보시기 바랍니다.

1-4 셀프 브랜딩의 시대

인터넷 서점에서 '퍼스널 브랜딩'을 검색해보면, 수많은 책이 등장합니다. 블로그를 운영하면서도 많은 블로거들이 퍼스널 브랜딩에 대해 이야기하는 걸 볼 수 있었고요. 도대체 '퍼스널 브랜딩(Personal Branding)'이란 무엇일까요?

네이버 사전에서는 퍼스널 브랜딩을 '자신을 브랜드화하여 특정 분야에 대해서 먼저 자신을 떠올릴 수 있도록 만드는 과정, 혹은 특정 분야에서 차별화되는 나만의 가치를 높여서 인정받게끔 하는 과정'이라고 정의합니다. 즉, 나 자신이 하나의 브랜드가 되어 사람들에게 각인되는 과정, 나를 사람들에게 기억시키는 과정이라고 이해하면 되겠습니다. N잡을 하려는 사람들은 물론, 본업에서 뛰어난 성과를 얻기 위해 많은 사람들이 '퍼스널 브랜딩'에 관심을 두고 있는 것이죠. 교사들도 이 흐름에 동떨어져 있지는 않습니다.

인디스쿨(초등교사들이 수업 자료와 정보를 공유하는 인터넷 커뮤니티)에서 수업 자료를 찾으면서, 원격 연수를 들으면서, 교육 관련 책을 읽으며 우리는 퍼스널 브랜딩에 성공한 교사들을 많이 만나왔습니다.

'학급경영' 하면 예은이네의 허승환 선생님, 함행우 나승빈 선생님.

'교실놀이'로 핫한 이종대왕 이종혁 선생님, 쏭쌤 송성근 선생님.

'글쓰기'에는 글똥누기의 이영근 선생님과 밀알샘 김진수 선생님.

'미술 수업' 픽미쌤, '체육 수업' 열정기백쌤!

제가 나열한 분들 외에도 여러분들 머릿속에 떠오르는 분들이 계실 거예요. 꼭 초등학교 교사가 아니더라도, 특정 분야, 혹은 여러 분야에서 신뢰를 주는 분들을 떠올리실 수 있을 겁니다. 이런 분들의 공통점은 무엇일까요? 바로 오랜 기간 축적해온 콘텐츠들로 인해 특정 분야에서 가장 먼저 이 분들을 떠올릴 수 있게 되었다는 점입니다. 그리고 하나의 브랜드가 되어 사람들에게 각인되었다는 것이죠.

우리도 충분히 '브랜드'가 될 수 있습니다. 그러기 위해서는 나를 브랜드로 만드는 '셀프 브랜딩'이 필요합니다. 이 과정을 블로그와 함께라면 조금 더 수월하게 해낼 수 있어요.

앞에서 블로그의 장점 중 하나를 '기록'이라고 말한 바 있습니다. 셀프 브랜딩의 기본이 바로 기록입니다.

〈혼자 책 읽는 시간〉의 니나 상코비치는 여름이면 가족 모두가 둘러앉아 추리소설을 읽는 집에서 태어난 책벌레였습니다. 익숙한 일상을 이어가던 40대 중반, 언니가 세상을 떠나고 3년간 방황합니다. 그러던 어느 날, 400쪽이 넘는 〈드라큘라〉를 하루 만에 읽고, 처음으로 편안하게 잠이 들었다고 해요. 그 이후 하루에 한 권씩 책을 읽고, 블로그에 서평을 올리기 시작했습니다. 이 프로젝트가 입소문을 타고 〈뉴욕타임즈〉에 소개되는 등 화제가 되었고, 그 결과물을 모아 첫 저서 〈혼자 책 읽는 시간〉을 출판하게 됩니다. 그리고 세계적으로 유명한 서평가가 되었죠. '서평가=니나 상코비치'란 브랜딩에 성공한 셈입니다.

'1일 1독서 1서평'이란 말에 숨이 턱 막히셨을 수도 있습니다. 물론 쉽지 않은 일입니다. 하지만 대단하기 때문에 빠르게 퍼스널 브랜딩에 성공한 것일 뿐입니다. '1주 1독서 1서평'이었더라도, 혹은 '1월 1독서 1서평'이었더라도, 꾸준히 이어갔더라면 니나 상코비치는 언젠가는 훌륭한 '서평가'로 이름을 떨쳤을 것입니다(예스24 작가 소개 참고).

저는 2020년 '책먹보심선생의 독서와 교실'이란 블로그를 개설했습니다. 그리고 꾸준히 게시물을 올리고 있습니다. 한 학기 한 권 읽기 수업 자료와 수업 후기, 그림책 수업 자료와 수업 후기는 물론이고, 다양한 수업 모습들도 기록하고 있습니다.

[그림 1-6]

네이버에서 '책먹보심선생'을 검색하면 처음으로 제 블로그가 등장합니다. 블로그를 처음 개설했던 2020년에는 상상도 하지 못했던 일입니다. 4,700명이란 구독자(이웃)와 1,400건의 게시물이 쌓였기에 가능한 일이 되었어요. 그리고 이런 결과물들이 '책먹보심선생'이란 브랜드를 조금씩 성장시키고 있습니다.

제 블로그 이웃들에게는 '책먹보심선생'이 꽤 괜찮은 선생님이라 인식되고 있다고 느낍니다. 그리고 이 기대에 부합하기 위해 좋은 수업을 준비하려는 선순환이 이루어지기도 하고요. 아직은 많이 부족하지만, 초등 선생님들 사이에서도 제 브랜드를 인식시키려 노력하고 있습니다.

저의 셀프 브랜딩 첫 번째 목표는 '독서교육＝책먹보심선생' 공식을 완성하는 것이었습니다. 이를 위해 블로그에 '책', '독서교육'과 관련한 글들을 최대한 많이 적으려고 노력했고요. 하루에 하나의 글을 쓰진 못했지만, 4년 동안 200건 정도의 글을 작성할 수 있었습니다. 이 기록들을 모아 〈읽기 전·중·후 활동으로 재밌는 독서〉 등 전자책 4권을 출간했습니다. 이 전자책을 묶어 하나의 단행본을 출간했고요. 모두 블로그 덕분입니다.

물론, 나나 상코비치처럼 일관성 있게 '1일 1독서 자료', '1일 1독서 수업 후기'를 남겼다면, 독서교육 전문가란 퍼스널 브랜딩에 이미 성공했을지도 모를 일입니다. 하지만 4년간 꾸준히 기록한 결과물들이, 느리지만 결국 저만의 콘텐츠로 남게 되었습니다. 이 콘텐츠들이 한 학기 한 권 읽기 연수 자료로, 교육청 블로그 기고문으로, 독서교육 관련 책으로 확장되고 있는 셈이고요.

직장인으로서 글쓰기 3부작을 완성한 이해사 작가는 〈걷다 느끼다 쓰다〉에서 '전문가가 책을 쓰는 것이 아니다. 책을 쓰면 전문가가 되는 것이다'라고 말합니다. 저는 바꿔 말하고 싶습니다. '기록이 쌓이면 전문가가 된다'고 말입니다. 기록들이 모여 콘텐츠가 되고, 콘텐츠들이 모인다면 전문가가 될 수 있습니다. 하나의 브랜드가 될 수 있습니다.

1-5 블로그에서는 참교사입니다

교육은 성과를 측정하기가 참 어렵습니다. 오늘 수업한 내용이 아이들에게 잘 전달이 되었는지, 오늘 함께 읽은 책이 어떤 영향을 끼쳤는지 바로 확인할 수가 없습니다. 오늘 1+1을 가르쳤는데, 내일 학교에 온 아이 중 절반이 1+1을 모를 수도 있는 것이 교육입니다. 참 허탈할 때가 많습니다.

며칠을 고민하며 수업 준비를 하다 보면 이 수업은 대박이다 싶을 때가 있어요. 아이들도 엄청 재밌어할 것 같고, 기억에도 오래 남을 것 같아 신이 나서 수업을 준비합니다. 드디어 아이들과 함께 수업하는데, 막상 아이들 반응이 영 시원치 않아요. 학습 정리할 때는 다 이해도 못 한 것 같습니다. 참 속상할 때가 많습니다.

그런데 이런 수업들이 다 의미가 없는 수업일까요? 아닙니다. 좋은 수업인지 아닌지는 바로 판단할 수 없습니다. 뜨뜻미지근하던 아이들의 마음속에 어떤 씨앗이 심어졌을지 모를 일입니다. 그 씨앗이 하루 뒤에 싹을 틔울지, 10년 뒤에

싹을 틔울지는 아무도 알 수 없습니다. 교사가 수업에 최선을 다해야 하는 이유입니다.

하지만 교사도 사람입니다. 40분 수업을 마치고 나면 허무함이 찾아올 때가 있습니다. 간혹 진이 빠질 때가 있습니다. 다 포기하고 싶어질 때도 있습니다. 이렇게 하나, 저렇게 하나 아이들은 똑같을 것 같습니다. 수업 준비가 무슨 의미가 있나 싶습니다.

그런데 블로그란 세계는 다릅니다. 바로 반응이 옵니다. 같은 교사가 아닐 수도 있지만, 그냥 빈말일 수도 있지만요.

쉽지 않은 여건 가운데에도 하나라도 더 배움을 전하고자 노력하시는. 선생님의 고민과 시도가 귀감이 되는 것 같아요. 멋지십니다. ^^
2020.4.23. 19:49   신고

블로그 개설 초창기 게시글에 남겨진 댓글이에요. 코로나로 인해 한 학기 한 권 읽기 수업을 온라인으로 진행하려고 여러 고민을 하던 시기였습니다. 과연 이렇게 하는 게 맞을까, 제대로 수업이 된 건가 의심도 들던 때였습니다. 그런 저에겐 꽤 소중한 댓글이었어요.

노력하는 제 모습을 알아봐 주셨다는 것에 감동했던 기억이 납니다. 어쩌면 이 댓글이 지금까지 블로그를 이어올 수 있게 한 원동력일 수도 있겠네요. 꾸준히 교육 자료를 제작하고 공유하게 된 것도요(이웃의 중요성에 관한 이야기는 나중에 한 번 더 다룹니다).

요즘은 좋은 수업 자료를 조금만 노력하면 쉽게 얻을 수 있습니다. 영리를 위해 자료를 개발하는 곳도 있고, 훌륭하신 선생님들께서 자료를 공유해 주시기도 하고요. 신규 때부터 꽤 오랜 시간 저도 이렇게 자료들을 얻어 쓰는 '자료 소비자'에 머물렀습니다.

자료를 잘 찾아서 활용하는 것만으로도 충분히 좋은 수업을 할 수 있습니다. 그런데 블로그 활동을 통해, 자료를 제작하다 보니 조금 더 아이들에게 밀접한 수업을 할 수 있게 되었습니다. 아무래도 반 아이들 수준과 환경에 가장 적합한 자료를 만들 수 있는 것은 담임이니까요. 특정 아이들을 떠올리며 자료를 만드니 더 나은 자료가 완성됩니다.

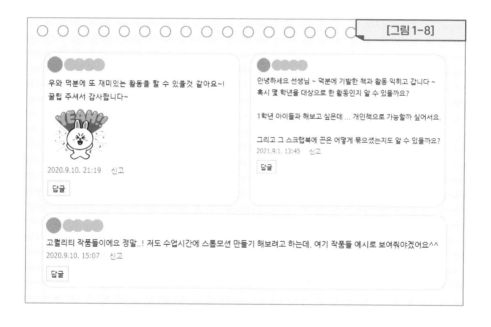

[그림 1-8]

우와 덕분에 또 재미있는 활동을 할 수 있을것 같아요~! 꿀팁 주셔서 감사합니다~

YEAH!

2020.9.10. 21:19   신고

답글

안녕하세요 선생님 ~ 덕분에 기발한 책과 활동 익히고 갑니다 ~ 혹시 몇 학년을 대상으로 한 활동인지 알 수 있을까요?

1학년 아이들과 해보고 싶은데 ... 개인책으로 가능할까 싶어서요.

그리고 그 스크랩북에 끈은 어떻게 묶으셨는지도 알 수 있을까요? 2021.9.1. 13:45   신고

답글

고퀄리티 작품들이에요 정말..! 저도 수업시간에 스톱모션 만들기 해보려고 하는데, 여기 작품들 예시로 보여줘야겠어요^^ 2020.9.10. 15:07   신고

답글

그리고 그 자료들이 또 다른 누군가에게 도움이 됩니다. 다른 선생님들의 수업 자료로, 다른 아이들에게 보여줄 예시 자료로 소비됩니다. 소비자에서 창작자가 되어가고 있는 셈입니다. 내가 무언가를 창작할 수 있다는 것이, 누군가를

도울 수 있다는 것이 이렇게 기분 좋은 일인 줄은 몰랐어요. 내가 올린 글의 조회수가 높아지는 것이, 또 2-3년 전에 올린 글을 아직도 관심 있게 봐주시는 분들이 있다는 것에 힘이 납니다. 이 힘으로 블로그에 글을 올리게 되고, 이 과정에서 더 좋은 수업을 위해 고민하게 됩니다. 선순환이 이루어지는 것이죠.

교대를 다닐 때는 연차가 쌓이고, 많은 아이들을 만나면 저절로 훌륭한 교사가 될 줄 알았습니다. 그런데 현실은 그렇지 않았어요. 꾸준히 공부하고, 노력해야 괜찮은 선생님이 될 수 있다는 걸 깨달았습니다. 오히려 그런 훌륭한 선생님들을 알게 될 때마다 저 자신이 작아졌습니다. 난 뭘 해온 건가 싶기도 했습니다. 평생 교사를 해낼 수 있을지 의구심이 들었습니다.

다행히도 블로그를 통해 이런 의구심이 많이 해소된 상태입니다. 아니, 오히려 꽤 괜찮은 교사가 되었다는 생각까지 듭니다. 지나온 블로그의 기록들을 살펴보니 정말 많은 분들의 지지를 받고 있었습니다. 많은 블로그 이웃들이 제 교실 활동을 응원해주시고, 많은 선생님께서 도움이 되었다고 이야기해 주셨습니다. 무엇보다 블로그에 쌓인 교실 이야기를 보면서, 헛된 시간을 보내지 않았다는 걸 깨닫습니다.

블로그를 천천히 살펴봅니다. 블로그에서만큼은 저도 참교사인 것 같습니다. 아니, 블로그를 통해 꽤 괜찮은 교사가 되어 가고 있습니다.

블로그 개설
& 운영 꿀팁

BLOG

PART 2

블로그 개설 & 운영 꿀팁

2-1 어떤 플랫폼을 선택할까요?

이제 블로그를 해 보실 마음이 조금은 생기셨나요? 이럴 때 과감하게 블로그를 시작해 봅시다. 먼저 플랫폼을 선택해야 합니다. 어떤 플랫폼을 선택하는 것이 좋을까요?

네이버 지식백과(손에 잡히는 IT 시사용어)에 따르면 블로그를 다음과 같이 정의하고 있습니다.

『웹(web)과 로그(log)의 합성어로 개인의 생각과 경험, 알리고 싶은 견해나 주장, 나아가 전문지식 등을 웹에다 일기(로그)처럼 기록해 다른 사람들도 보고 읽고 댓글을 달 수 있게끔 열어 놓은 글모음을 말한다. 자신의 관심사에 따라 일기, 칼럼, 기사 등을 자유롭게 올릴 수 있을 뿐 아니라, 개인출판, 개인방송, 커뮤니티까지 다양한 형태를 취하는 일종의 1인 미디어이다.』

다양한 글을 일기처럼 기록해 다른 사람들도 볼 수 있게 하는 일종의 1인 미디어, 블로그. 1997년 10월 미국 프로그래머 존 바거에 의해 처음 등장한 이래, 현재 여러 플랫폼들이 블로그 서비스를 제공하고 있습니다.

대표적인 곳이 '네이버 블로그'와 '카카오(다음) 티스토리'입니다. 우리나라 양대 검색 포털인 '네이버(NAVER)'와 '다음(DAUM)'이 연계된 블로그 플랫폼이죠. 블로그를 시작하기에 가장 만만한 곳이기도 합니다.

두 플랫폼은 서로 다른 장단점을 가지고 있습니다. 그래서 어떤 플랫폼을 선택할지 고민이 됩니다. 가장 좋은 방법은 두 가지 서비스를 모두 사용해보고 본인에게 맞는 것을 선택하거나 두 개를 동시에 운영하는 것입니다. 이제 블로그를 시작해 볼까 마음먹었는데, 벌써 귀찮아지신다고요? 여러분의 선택에 도움이 될 만한 차이점 몇 가지를 정리해 봤습니다.

먼저, 블로그는 크게 '가입형'과 '설치형'으로 나눌 수 있습니다. 가입형 블로그는 회원 가입만 하면 손쉽게 블로그를 생성할 수 있어 전문적인 지식이 없어도 쉽게 블로그를 만들 수 있습니다. 설치형 블로그는 홈페이지처럼 개인이 디자인이나 구조를 마음대로 변경할 수 있는 형태입니다. 네이버 블로그가 '가입형'이라면 카카오 티스토리는 '설치형'과 '가입형'의 중간 형태를 띠고 있습니다. 네이버 블로그는 플랫폼에서 제공하는 범위 내에서만 수정 및 사용을 할 수 있어 자유도가 낮은 편이에요. 하지만 가입만 하면 일정 수준 이상의 블로그가 개설되고, 글쓰기 에디터도 간편하다는 장점이 있습니다. 티스토리는 운영자와 블로그의 성격에 맞게 거의 모든 걸 바꿀 수 있어 자유도가 높지만 진입 장벽도 높은 편입니다. 대신 조금만 공부하고 공을 들이면 내 입맛에 맞는 나만의 블로그를 꾸밀 수 있다는 장점이 있습니다.

두 번째로 이웃 및 소통 기능의 차이입니다. 네이버 블로그는 '이웃' 시스템이 활성화되어 있어 소통하기에 적합합니다. 같은 관심사를 가진 다양한 분야의 사람들을 조금 더 쉽게 만날 수 있습니다. 블로그 개설 초반에는 검색 유입이 한정적인데, 이웃 신청 기능을 통해 내 글을 여러 사람에게 보여줄 수 있다는 장점이 있습니다. 이웃들의 응원이 블로그 초반 운영에 큰 힘이 되기 때문입니다. 티스토리의 경우 '구독' 시스템이 있긴 하지만 쌍방향 소통에는 부족함이 있습니다. 전체적인 블로거 숫자도 네이버 블로그에 비해 부족하므로 블로그 운영 초반에 활동 동력을 잃을 가능성이 큽니다. 열심히 글을 썼는데 아무도 읽지 않는다면 김이 새기 마련입니다. 반면 소통에 쓰는 시간을 아껴 더 좋은 글을 쓰는 데 노력할 수 있다는 장점이 있습니다.

세 번째 검색 유입량입니다. 당연하게도 각 포털이 운영하는 블로그에 검색을 몰아주는 경향이 있습니다. 네이버에서 검색하면 네이버 블로그가, 다음에서 검색하면 티스토리가 더 많이 검색됩니다. 우리나라 검색 포털 점유율은 네이버 > 구글 > 다음 순입니다. 네이버 블로그 사용자와 방문자가 더 많은 이유입니다. '퍼스널 브랜딩'까지 염려한다면 검색량이 많은 네이버 블로그를 선택하는 것이 좋습니다. 물론, 그만큼 경쟁자가 많다는 것도 생각해야 하겠지만요.

세 가지 내용을 비교해봤습니다. 저는 활발한 소통과 간편한 글쓰기 기능을 선호하여 네이버 블로그를 선택했습니다. 하지만 정답은 없습니다. 심지어 블로그를 대체할 수 있는 플랫폼도 많습니다. 몇 가지를 정리해봤습니다.

첫 번째, 인스타그램은 '사진' 한 장에 다양한 이야기를 담아낼 수 있습니다. 실제로 인스타그램에 선생님의 줄임말인 '쌤'과 인스타그램을 합친 '쌤스타그램'을 검색하면 많은 게시물이 등장합니다. 그야말로 선생님의 일상을 자유롭게 기록한 글들로 많은 분들이 사용하고 계십니다. 인스타그램은 일상의 순간을 매우 짧은 시간에 기록하여 기억할 수 있다는 장점이 있는 플랫폼입니다.

두 번째, 페이스북은 사진에 글이 더해진 형태로 조금 더 다양하게 활용할 수 있다는 장점이 있습니다. 실제로 페이스북의 글을 모아 책으로 출간한 경우가 있을 정도로 글 저장용으로 사용하기 쉽습니다. 하지만 자신이 게시한 글도 시간이 지나면 찾기 힘들고, 검색 노출이 제한적이라는 점, 나를 아는 사람들이 볼 가능성이 크다는 점들이 조금 아쉽습니다.

세 번째, 브런치는 반대로 '글'이 중심인 플랫폼입니다. '교단일기'를 업로드하기에 적합합니다. 〈선생님은 보글보글〉의 작가 이준수 선생님은 브런치에 다양한 교실 모습과 그에 대한 단상을 꾸준히 연재하고 있습니다. 브런치 연재가 책 출간으로 이어진 것이지요. 단, 브런치는 진입 장벽이 높고 독자 수도 제한적입니다. 브런치에 글을 올리고 작가 신청 후 심사가 이루어지고, 이것에 통과해야 다른 사람도 글을 볼 수 있는 구조입니다. '작가'라는 호칭에 욕심이 나서 도전하고 싶다가도, 탈락의 고배를 마실까 늘 주저하고 있는 플랫폼입니다.

네 번째, 네이버 밴드는 원격수업으로 인해 유입이 늘어난 곳 중 하나입니다. 화상회의 기능을 제공한다는 점, 특정 인원끼리 소식을 나누는 폐쇄형 SNS라는 점이 장점입니다. 글과 사진을 적절하게 활용하여 게시물을 작성할 수 있기 때문에 '블로그'의 역할도 충실히 해낼 수 있습니다. 최근 학급 밴드를 개설하여 학부모와의 소통 창구로 활용하시는 선생님들도 늘어나고 있고요.

마지막으로 유튜브를 빼놓을 수 없습니다. 네이버 밴드처럼 원격수업 덕분에 교사 유튜버들이 많이 증가했습니다. 아이들에게 조금 더 나은 수업 방식을 고민하다 직접 영상을 제작하는 선생님들이 늘어난 것이죠. 영상으로 교육 자료를 만든다는 건 매력적인 일입니다. '브이로그' 형식으로 일상을 공유하는 것도 가능하고요. 그래서 블로그와 유튜브를 동시에 운영하는 선생님들도 참 많아지고 있습니다.

일곱 개의 플랫폼을 정리해봤습니다. 선택에 도움을 드린다면서 괜히 더 복잡하게 만들었네요. 내가 어떤 글을 쓰고, 어떤 방향으로 운영하려고 하느냐에 따라 선택도 달라질 것입니다. 여러 개의 플랫폼을 함께 운영하며 시너지 효과를 내는 것도 가능합니다. 스스로 홈페이지를 개설해 각각의 플랫폼의 장점만 가져올 수도 있습니다. 방법은 무궁무진합니다.

물론, 저는 블로그를 추천합니다. 글, 사진, 영상을 자유롭게 정리할 수 있고, 글 작성에 온전하게 몰두할 수 있다는 장점 때문입니다. 특히 네이버 블로그는 글을 작성할 때 여러 SNS를 가지고 올 수 있고, 반대로 다른 곳에 공유하는 것도 간편해 수업 자료로 활용하기도 좋습니다. 특히 진입 장벽이 낮다는 것이 가장 큰 장점입니다. 시작이 반인데, 시작도 못 한다면 아무 의미가 없겠죠? 일단은 블로그부터 함께 개설해 봅시다.

이제부터 블로그 개설&운영 꿀팁을 정리합니다. 제가 운영하는 곳이 네이버 블로그다 보니, 예시 내용은 대부분 네이버 블로그를 활용했습니다. 하지만 어떤 플랫폼을 선택하셔도 운영 방식은 큰 차이가 없으므로 원하시는 블로그 플랫폼을 잘 선택해 주시기 바랍니다.

제안 **블로그 플랫폼 하나를 골라 가입 후 블로그를 개설해 보세요.**

교사,
블로그를 하다.

2-2 블로그 이름 짓기, 정체성을 담으세요

네이버 블로그든, 카카오 티스토리든 하나를 선택하시는 데 성공하셨나요? 어떤 플랫폼을 선택하셨든 블로그를 만들면 가장 먼저 정해야 할 것이 있습니다. 바로 블로그 이름입니다. 이제 막 플랫폼 고민을 끝냈는데, 또 다른 고민이 기다리고 있는 셈입니다. 그래도 블로그를 시작하기로 한 이상, 피할 곳은 없습니다.

제가 처음 블로그를 만들었을 때는 정말 아무 생각이 없었습니다. 블로그를 개설하면 '별명'과 '블로그 이름'을 적어야 하는데, 고민 따위 깊게 하지 않았죠. 당시 동기들과 함께 막 연구회를 개설했을 때였고, 연구회 이름을 따서 별명을 완성했습니다.

'독서세끼 심선생'

하루에 세 번 자연스럽게 밥을 먹는 것처럼, 독서를 밥 먹듯 하자는 의미로 연구회 이름을 '독서세끼'라고 지었습니다. 연구회원들끼리는 정말 좋은 이름이라고 손뼉을 쳤고, 연구회 회장이었던 저는 '독서세끼'에 푹 빠져 블로그에 가져와 버렸습니다.

6-7개월 가량은 '독서세끼 심선생'으로 활동했습니다. 그러던 중 한 이웃님이 우려의 댓글을 달아주셨어요. 모든 내용이 기억나진 않지만 별명의 어감이 너무 세니 바꾸는 것이 좋을 것 같다는 이야기였습니다. 굉장히 정중한 말투였지만 꽤 기분이 상했던 기억이 납니다. '내 별명이 어디가 어때서? 무슨 상관이야?' 이런 마음이었죠. 가볍게 무시했습니다.

그런데 어느 날 저희 반 아이들이 이 세끼, 저 세끼 하는 게 들리기 시작했습니다. 제 블로그가 아이들 사이에서도 나름 이슈가 되기 시작한 건데, 아이들 입을 통해 들리는 '독서세끼'의 어감이 썩 좋지 않았습니다. 퍼뜩 정신을 차리고 얼른 블로그 별명부터 수정했습니다. 이때는 고민도 많이 하고, 아내와 상의도 해서 '책먹보심선생'이란 이름으로 다시 태어났습니다.

지금 돌이켜보면 늦지 않게 별명을 바꾼 것이 신의 한 수였다는 생각이 듭니다. 한편으론 처음 블로그를 만들 때 조금 더 고민할 걸 후회도 됩니다. 물론, 게시물도 그대로고 이웃들도 그대로였습니다. 하지만 이웃들에게 별명이 바뀐 사실도 홍보해야 했고, 다른 커뮤니티의 별명들도 바꾸는 과정이 필요했습니다. 뭔가 새롭게 블로그를 시작하는 느낌이 들 정도였어요.

'셀프 브랜딩'의 관점에서 보면 블로그 이름은 자신을 어떤 브랜드로 만들지 결정하는 시작점이라고 볼 수 있습니다. 내용이 비슷하다면 외형적으로 더 잘 포장된 제품에 눈이 끌리는 것은 당연한 일입니다.

한 시대를 풍미한 베스트셀러가 있습니다. 2021년에 120만 부 판매 기념 스페셜 에디션으로도 나온 책이니, 많은 분이 알고 계신 책입니다. 이 책의 원래 제목은 〈칭찬의 힘〉입니다. 혹시 어떤 책인지 기억하시겠나요? 아마 많은 분께 생소한 제목일 겁니다. 전 세계적으로 수천만 부가 판매된 대박 작품임에도 불구하고 우리나라에서는 2만 부 정도 판매에 그쳤다고 하니, 생소할 수밖에요. 그런데 출판사에서 제목을 바꾸고 책의 운명이 바뀌게 됩니다.

〈칭찬은 고래도 춤추게 한다〉

우리나라에 '칭찬' 열풍을 일으켰던 이 책의 제목은 많은 분이 들어보셨을 겁니다. 책의 내용은 토씨 하나 틀리지 않고 그대로라고 하더군요. 단지 제목만 바꿔서 대박이 난 사례입니다.

블로그 이름도 이와 크게 다르지 않다고 생각합니다. 이왕 시작한 블로그가 더 많은 사람에게 읽히고, 많은 사람의 기억에 남으면 더 좋지 않을까요? 블로그 이름 짓기에 조금만 시간을 투자하시길 권하는 이유입니다.

블로그 이름을 어떻게 하면 잘 지을 수 있을까 검색을 하다가 꽤 흥미로운 글을 찾게 되었습니다.

[그림 2-1]

책을 검색해서 방문한 분들에게 더 많은 인사이트를 제공하기 위해서 책 제목으로 된 블로그가 필요하다고 생각했습니다. 그리고 블로그 별명도 다시 정할 필요가 있어서 교육학문 분야, 그 중에서도 현직 선생님이 운영하는 파워 블로그의 제목을 검토하였습니다.

이름	제목	한줄평	종합평가
나승빈 선생님	함께 있어 행복한 우리	함행우라는 줄임말로 포인트를 준다.	NORMAL
정호중샘	명명샘의 교실	평범하지만 기억에 잘 남고 검색이 잘된다.	GOOD
열정기백쌤	기백쌤 교육공간 & 기백반 체육교실	열정, 체육이라는 포인트가 강렬하다.	NORMAL
Seo	교육의 정의	너무 평범하다.	BAD
함성새싹	함께 성장하는 행복한 새싹들	선생님이라는 이름이 없으니까 상업적인 느낌이 든다.	NORMAL
행복한 김선생님	행복한 김선생의 학교 톡톡	행복이라는 말이 너무 자주 쓰여서 평범하게 느껴진다.	NORMAL
작가진쌤	작가 진쌤의 이야기	작가이면서 선생님이라는 게 드러남.	GOOD
책먹보 심선생	책먹보 심선생의 독서와 교실	독서교육이라는 목표가 드러남	GOOD
오뚝이샘	오뚝이샘의 초등 자존감 수업	정석적이고 무난한 제목	NORMAL
룡룡쌤	룡룡쌤의 펀펀	정석적이고 무난한 제목	NORMAL

한글파일에 2020년 6월부터 현재까지 교육학문분야에서 선생님이 운영하는 블로그의 제목과 별명을 추렸습니다.

• 출처: 초코샘 MZ교사 살아남기

한 선생님께서 현직 선생님들이 운영하는 블로그 이름을 분석한 글이었습니다. 분석을 통해 본인의 블로그 이름을 짓는 과정도 함께 올라와 있고요.

이 글을 보고 두 번 놀랐습니다. 블로그 이름을 짓는 데 이렇게 깊은 고민을 하시는 분이 있다는 점, 그리고 제 블로그가 '파워 블로그'라고 불린다는 점에 말입니다. 심지어 독서교육이라는 목표가 드러나 좋은 블로그 이름이라는 평가까지 받았고요.

블로그 이름을 지을 때는 무엇을 이야기하는 블로그인지 한눈에 알 수 있게 하는 것이 좋습니다. 그래서 자신의 브랜드와 주제를 덧붙여 블로그 이름을 만드는 것도 좋은 방법입니다. '책먹보심선생의 독서와 교실'에서 '책먹보심선생'이 제 브랜드라면 '독서와 교실'은 주제라고 볼 수 있습니다. 간단하면서 제 블로그 성격을 쉽게 파악할 수 있게 만든 것이죠.

이렇게 이름을 결정할 때는 독창적이고 부르기 쉬운 별명을 찾는 게 중요합니다. 내 브랜드를 결정하는 것이니 흔한 이름보다는 독창적인 것이 좋겠죠. 그렇다고 지나치게 어려운 이름으로 결정한다면 부르기도 어렵고 기억하지 못할 가능성이 높습니다. 블로그에서 활동하다 보면 대부분의 이웃들은 저를 '심선생님'이라고 부릅니다. 교사라는 정체성이 잘 드러납니다. 혹은 '책먹보님'이라고 불리기도 합니다. 이건 이거 나름대로 '독서'와 연관되어 좋습니다. 블로그 이름 뒤에 붙는 '독서'와 '교실'이 자연스럽게 따라오는 것 같아 만족스러운 이름 짓기라고 자평합니다.

저는 제 별명과 블로그 이름에 관련된 글을 쓰려고 노력합니다. 일종의 선순환입니다. 그리고 '책먹보심선생'은 제 부캐가 되었고요.

여러분들도 좋은 이름을 찾으시길 바랍니다. 길게 고민을 했는데도, 너무 어렵다면 일단 대충 지으세요. 블로그 카테고리(메뉴)를 구성하다 보면 좋은 이름이 떠오를 수도 있으니까요.

제안 블로그 이름과 별명을 지어보세요.

교사,
블로그를 하다.

2-3 블로그의 목차, 카테고리 구성하기

책을 고르는 선택 기준에는 어떤 것이 있을까요? 책의 제목, 작가, 출판사, 책 표지, 추천사 등 다양한 선택 기준이 있을 겁니다. 저는 그중 책의 목차를 중요시하는 편이에요. 책의 제목에서는 알 수 없는 책의 성격을 파악할 수 있는 중요한 힌트이기 때문입니다.

블로그에서 목차 역할을 하는 것이 바로 카테고리입니다. 책을 고를 때와 마찬가지로 블로그에 접속하면 어떤 카테고리가 있는지 확인을 하게 되고, 관심이 가는 카테고리가 많다면 '이웃' 추가까지 하게 됩니다.

그렇기에 카테고리에서 블로그의 성격을 알 수 있어야 합니다. '책먹보심선생의 독서와 교실'이란 이름에 '독서'와 '교실'은 없고 제품 리뷰나 여행 후기 카테고리만 있다면 방문자는 혼란에 빠질지도 모릅니다.

카테고리는 게시글들을 체계적으로 나눠 보여주는 역할도 합니다. 컴퓨터에서 '폴더'의 역할을 해준다고 보면 되겠습니다. 관련된 파일(게시글)을 하나의 폴

더(카테고리)에 보관하는 것이죠. 이때 해당 파일들의 공통점으로 폴더 이름을 지어주면 나중에 찾기 편하겠죠? 카테고리를 구성할 때도 이런 점을 고려해야 합니다. 과연 내가 만든 카테고리 안에 어떤 글들을 채울 것인지 미리 생각할 필요가 있습니다. 그리고 꾸준히 채울 수 있는 주제로 카테고리를 구성합니다.

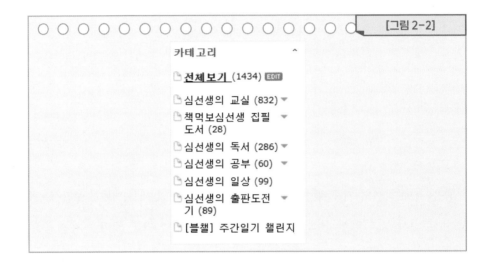

[그림 2-2]

현재 제 블로그의 카테고리입니다. 제 블로그의 핵심 주제인 '독서'와 '교실'을 상위에 배치했습니다. '심선생의 교실' 카테고리에는 교육과 수업 관련 내용들이 주를 이루고, '심선생의 독서' 카테고리에는 서평 관련 글들을 적고 있습니다. 이 두 가지 카테고리가 제 블로그 게시글의 대부분을 차지합니다. 핵심 내용이라고 볼 수 있는 것이죠.

하지만 독서와 교육 관련 글들만 올리는 데는 한계가 있습니다. 한두 가지 주제에만 집중하면 어느 순간 글의 소재가 없어 블로그를 멀리하는 경우가 생기기도 합니다. 간혹 휴식처럼 가볍게 쓸 수 있는 '심선생의 일상'과 개인적인 목표를 공언하기 위해 '심선생의 공부', '심선생의 출판도전기' 카테고리를 추가한 이유입니다. 꾸준하고 장기적인 블로그 운영을 위해 편하게 쓸 수 있는 공간을 마련해 놓은 것입니다.

제가 정리한 카테고리도 완벽하다고 할 수는 없습니다. 하지만 여러 블로그를 돌아다니며 카테고리를 구성할 때 주의해야 할 것들을 몇 가지 깨달았습니다.

첫 번째, 블로그 초창기 카테고리는 3-5개 정도면 충분합니다. 블로그를 처음 개설할 때는 다양한 글을 쓰고 싶은 욕심 때문에 카테고리를 많이 만들고 싶어 합니다. 하지만 정작 카테고리만 덩그러니 남아 있고, 한두 개의 게시물만 남아 있는 경우가 허다합니다. 카테고리는 언제든 추가할 수 있습니다. 또한 큰 카테고리 아래에 하위 카테고리를 만들 수 있어서 적극적으로 활용하면 좋습니다.

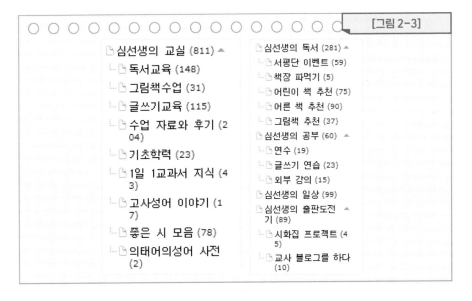

[그림 2-3]

두 번째, 카테고리를 만들 때 지나치게 추상적인 표현은 피하는 것이 좋습니다. 카테고리를 보면 블로그의 성격을 직관적으로 알 수 있도록 말이죠. 방문자들은 블로그에 쓰인 모든 글을 읽어보지 않습니다. 책의 목차를 훑듯 카테고리를 보다 마음에 드는 카테고리 안에 있는 글 몇 개를 골라 읽는 경우가 많습니다. 이런 경우를 대비해서 추상적이기보다는 한눈에 들어오는 카테고리 명으로 내 블로그를 설명하는 것이 좋습니다.

세 번째, 공통점이 있는 카테고리끼리 묶어서, 읽은 글과 비슷한 주제의 글을 이어서 볼 수 있도록 해야 합니다. 사실 블로그는 검색어 기반의 플랫폼이기 때문에 누군가가 내 블로그의 카테고리를 하나하나 클릭해가며 둘러보는 경우는 거의 없습니다.

[그림 2-4]

이 블로그 심선생의 교실 카테고리 글	전체글 보기
2024학년도에는 어떤 책으로 책장을 채울까? (8)	2024. 3. 2.
2024학년도 둘째 날(3월 5일) 계획 (12)	2024. 2. 23.
2024학년도 새학기 첫날 계획 (15)	2024. 2. 21.
선착순 1,000명! '웅진주니어' 한 학기 한 권 읽기 추천 도서 & 자료집 증정 이벤트	2024. 2. 20.
《오지랖 도깨비 오지랑 시리즈》 독후 활동지의 시작부터 끝까지!(독후 활동지 파일 포함) (5)	2024. 2. 18.

〈 이전   다음 〉   ▲ TOP

[그림 2-4]는 검색을 통해 유입된 방문자가 내 글을 다 읽으면 마지막에 보이는 화면입니다. 해당 글과 같은 카테고리에 있는 글의 목록이 보입니다. 검색을 통해 들어와 글을 끝까지 읽은 사람이라면 같은 카테고리에 다른 글에도 관심을 가질 가능성이 높습니다. 다양한 분야의 글을 쓰기 위해 여러 개의 카테고리를 만들어 두는 것도 좋지만, 공통점이 있는 카테고리들을 묶어 두면 내 글이 읽힐 가능성이 더 커집니다.

마지막으로 카테고리는 주기적으로 점검할 필요가 있습니다. 컴퓨터 폴더도 안에 들어 있는 파일 수가 많아지면 다시 분류하듯, 블로그 카테고리도 주기적으로 재분류를 할 필요가 있습니다. 6개월 정도가 적당합니다. 써 놓은 글이 너무 적으면 재분류할 것이 없을 것이고, 너무 많으면 분류에 시간이 많이 걸려 포기하기 쉽습니다. 위에서 얘기한 몇 가지 주의할 점을 떠올리며 주기적으로 카테고리를 정리해 주면, 블로그의 방향성이 더 명확해집니다. 이것 또한 '퍼스널 브랜딩'의 한 과정이 됩니다.

책의 목차는 한 번 출간되면 수정하기가 어렵지만 블로그 카테고리는 언제든 수정할 수 있습니다. 블로그 이름이나 별명보다는 수정의 부담도 적습니다. 일단 블로그 이름과 관련된 카테고리 세 개만 만들어 보세요. 혹은 블로그 이름과 어울리지 않더라도 내가 쓰고 싶은 분야 세 개를 정해도 좋습니다. 블로그 이름을 바꾸면 되니까요.

그런데 이런 과정 모두 결국에는 글을 쓰기 위한 것입니다. '틀'을 정하는 데 오랜 시간을 들이는 것보단, 일단 글을 쓰기 시작하는 것이 중요하다는 걸 잊지 마시기를 바랍니다.

제안　최근 가장 관심이 많은 세 개의 분야를 떠올려 카테고리를 만들어 보세요.

교사,
블로그를 하다.

다른 블로그를 방문하세요

플랫폼, 선택, 블로그 이름 짓기, 카테고리 구성까지... 결정할 게 참 많습니다. 물론, 부수적인 것들이라 '대충' 정하고 넘어가는 것도 괜찮습니다. 다시 한 번 말하지만 중요한 건 '글'을 쓰는 것이니까요.

개인적으론 외적인 모양보다는 내용이 알차야 한다고 믿습니다. 하지만 독일의 철학자 헤겔의 말처럼 형식이 내용을 지배할 수도 있습니다. 때로는 이름, 카테고리 등 좋은 '틀'을 만들어 놓으면 글이 잘 써질 수도 있습니다.

이런 좋은 틀을 만들기 위해서는 다른 블로그를 방문하는 것이 좋습니다. 블로그를 운영하기 위해 다른 블로그의 운영 방식을 분석하는 것이 큰 도움이 될 수 있거든요. '벤치마킹'을 통해 블로그의 활성화를 조금 앞당기는 것이죠. 블로그 이름, 카테고리의 구성, 글의 스타일이나 내용 등을 살펴보면 많은 힌트를 얻을 수 있습니다.

그럼 어떤 블로그를 방문해야 할까요?

가장 좋은 방법은 '이달의 블로그'를 살펴보는 것입니다. 네이버 블로그는 자신만의 색깔을 갖고 운영하는 블로그들을 이달의 블로그로 선정하고 있습니다. 매달 4-6개 분야별로 꽤 많은 수의 블로그가 소개되는 셈입니다.

우리가 참고해야 할 '교육·학문' 분야는 6월과 12월에 소개됩니다(2020년 6월 이후부터). '이달의 블로그' 제도가 2016년 6월부터 시행되었으니, '교육·학문' 분야에도 꽤 많은 블로그가 선정되었습니다. 하지만 직접적인 아이디어와 도움을 얻을 수 있는, 현직 선생님들이 운영하는 블로그만 추린다면 몇 개 되지 않습니다.

PC로 접속하시든, 모바일로 접속하시든 선정된 이달의 블로그에 대한 소개글과 게시물 몇 개를 간단하게 확인할 수 있습니다. '교육·학문' 분야이기 때문에 교사가 운영하지 않는 블로그도 많습니다. 소개글을 잘 보시고 벤치마킹할 만한 블로그를 직접 고르시면 되겠습니다. 다음의 표에 현직 선생님들이 오랜 기간 운영하셔서 참고하기 좋은 블로그를 몇 개 정리해 봤습니다.

블로그 이름(별명)	주소	비고
함께 있어 행복한 우리 (나승빈 선생님)	https://blog.naver.com/ kingofnsb	초등, 학급운영, 3회 선정
다니엘 생명과학 이야기 (조 다니엘)	https://blog.naver.com/ genetic2002	중등, 생물, 3회 선정
열린 마음 빵샘`s 교실 이야기 (재이아빠)	https://blog.naver.com/ codybjy	초등, PBL, 2회 선정
행복한 김선생의 학교톡톡 (행복한 김선생)	https://blog.naver.com/ teacher0325	초등, 그림책, 2023 올해의 블로그
윤정쌤의 국어가 좋아요 (윤정쌤)	https://blog.naver.com/ lovegugeo	중등, 국어, 2023 올해의 블로그

이 외에도 '정호중쌤', '옆반 선생님', '관쌤', 그리고 저 '책먹보심선생'까지 많은 교사 블로거들이 이달의 블로그로 선정되었습니다. 지금까지도 꾸준히 활동하고 있는 블로그들이기 때문에 한 번씩 둘러보시면 좋겠습니다. 블로그 운영 방식은 물론, 좋은 수업 아이디어도 얻으실 수 있을 겁니다.

꼭 이달의 블로그에 선정된 블로그가 아니어도 좋습니다. 교사가 운영하는 블로그가 아니어도 좋습니다. 교육 관련 서적을 읽고 마음이 맞는 저자의 블로그를 찾아갈 수도, 수업 자료 검색을 하다 들어간 블로그가 마음에 들어 더 머무를 수도 있습니다. 그럴 때마다 다른 블로거들은 어떻게 블로그를 운영하는지 살펴보세요. 한 번 시간을 내어 둘러보신다면 블로그의 방향성을 잡으시는 데 큰 도움이 될 것입니다.

형식이 내용을 지배할 수도 있습니다. 여러분도 좋은 블로그들을 벤치마킹하여 좋은 틀을 만들어 보세요. 그 틀에 맞는 좋은 콘텐츠들이 잔뜩 쌓일 겁니다.

제안 교사가 운영하는 블로그 세 곳 이상을 방문해 보세요.

교사,
블로그를 하다.

1일 1포스팅을 하다
(상위 10% 블로거 되는 법)

블로그를 하시다 보면 '1일 1포'라는 용어를 접하게 될 겁니다. 그리고 꽤 많은 블로거들이 '1일 1포'에 집착한다는 것을 알 수 있습니다. 하지만 1일 1식보다도 1일 1포가 더 어렵다는 걸 금방 알게 되실 거예요.

'1일 1포'는 하루에 한 개의 포스팅을 올린다는 '1일 1포스팅'의 줄임말쯤으로 이해하면 됩니다. 포스트(post)란 단어는 '게시하다'란 뜻인데, 블로그에서도 이 뜻을 사용하여 블로그에 올린 글을 '포스트'라고 부르고 있습니다. 포스트에 ing 가 붙은 '포스팅'은 글을 올리는 행위를 이야기하는 것이죠. 결국 '1일 1포스팅'은 하루에 하나의 글을 쓴다는 의미로 해석할 수 있습니다(네이버 포스트의 등장으로 네이버 블로그는 '글'로 네이버 포스트는 '포스트'로 구분하지만 아직도 블로그 글을 포스트로 부르는 블로거들이 많습니다. 이 책에서도 '글'과 '포스트'를 혼용하여 사용합니다).

많은 블로그 관련 책들이나 블로그 코칭 관련 글들을 보면 어김없이 1일 1포스팅을 강조하고 있습니다. 당연한 일입니다. 무엇이든 '습관화'가 중요하기 때문입니다.

> 블로그에 글을 쓰기로, 기록을 남기기로 마음을 먹었습니다. 블로그 플랫
> 폼도 정하고, 이름도 정하고, 다른 블로그들도 열심히 돌아다녀 봤습니다.
> 얼른 글을 써서 올리고 싶어집니다. 설레는 마음에 첫 번째 글을 올립니다.
> 재밌습니다. 하루에 2-3개씩 글을 잔뜩 올립니다. 그런데 글 조회수에 큰
> 변화가 없습니다. 방문자 수도 늘지 않습니다. 왜 블로그를 하나 싶습니다.
> 점차 글을 올리는 날이 줄어듭니다. 자연스레 블로그와 멀어집니다.

과장한 면도 있지만, 실제로 이런 블로그들을 많이 봐왔습니다. 야심 차게 시작했다 얼마 되지 않아 방치된 블로그들이 꽤 많다는 것입니다. 42.195km를 뛰어야 하는 마라톤 대회에서 초반부터 전력 질주를 해 버린 것과 같습니다. 무엇이든 그렇겠지만, 블로그 역시 긴 시간 동안 할 수 있는 기초 체력을 길러야 합니다.

'무조건 상위 10% 안에 드는 법'이란 글이 인터넷에 떠돈 적이 있습니다. 과연 비법이 무엇일까요? 뭐든 100일 동안 매일 꾸준하게 하면 상위 10% 안에 든다는 것입니다. 그만큼 꾸준히 한다는 것은 힘든 일입니다. 하지만 블로그 습관을 잘 만들어 놓으면 나중엔 습관이 글을 쓰게 합니다. 1일 1포스팅이 이런 습관을 만드는 첫 단추입니다.

그럼 어떤 글을 써야 할까요? 사실 우리 주변에는 온통 블로그에 쓸 거리가 가득합니다. 교실만 생각하더라도 글감이 수두룩합니다. 저는 '1일 1수업 포스팅'을 목표로 잡았었습니다. 하루에 수업 후기 하나 정도는 블로그에 올릴 수 있도록 열심히 준비하자는 의미였는데, 제겐 꽤 긍정적인 변화가 나타났었죠(이 내용

은 뒤에 자세히 정리합니다).

하나의 수업을 자세하게 올리는 것이 아닌, 하루 수업 전체를 간단하게 정리하는 '교실일기' 형식도 좋습니다. 수업 내용이나 행사를 간단히 정리하고 사진 몇 장을 같이 첨부하는 방식이라면 시간도 그리 오래 걸리지 않습니다. 단, 매일 할 수 있는 '습관'이 중요하겠지요.

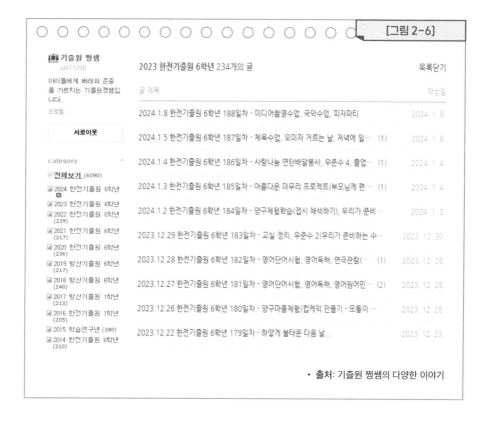

• 출처: 기즐원 쩡쌤의 다양한 이야기

'기즐원 쩡쌤'은 몇 년째 교실 일기를 기록, 공유해 주고 계시는 교사 블로거입니다. 정말 대단하다는 말밖에 나오지 않는 분이지만, 우리라고 못 할 것도 없습니다.

매일 '교육', '교실' 이야기만 다루는 것이 힘들 수도 있습니다. 이럴 땐 '부캐'를 만들어 두면 좋습니다. 일주일에 5일은 교사로서 블로그를 열심히 했다면, 주말에는 오롯이 자신의 이야기를 담아도 좋습니다. 내가 좋아하는 취미, 먹었던 음식, 좋았던 여행지를 소개할 수도 있습니다. 혹은 책 서평을 꾸준히 적는 것도 효과적입니다. 소설, 그림책, 인문학, 동화 등 다양한 분야의 책을 읽고 블로그에 정리해두면 큰 자산이 됩니다. 이를 위해 적당한 서평단 활동이 도움이 되기도 합니다.

[그림 2-7]

교실이나 주변에서 글감을 찾기 어려울 땐 네이버 블로그 '챌린지 프로그램'을 활용해도 좋습니다.

'블로그씨 질문'에서 글 소재를 찾을 수도 있고, '미션위젯'으로 도전 목표를 세워 의무감을 느끼게 할 수도 있습니다.

반대로 글감이 너무 많아서 글을 여러 개 쓰고 싶을 때는 '저장'이나 '예약 발행' 기능을 활용해도 좋습니다.

내일은 글감이 떠오르지 않을 수도 있으니 한두 개 정도 저축해 놓는 겁니다. 격일마다 두 개씩 글을 쓰는 것보다 매일 하나씩 포스팅하는 것이 습관 형성에 더 도움이 됩니다. 매일 글감을 찾기 위해 노력하는 것이 중요합니다. 그리고 그 글감이 '교육', '교실' 관련이라면, 교사로서 더욱 발전하는 계기가 됩니다.

[그림 2-8]

	저장 35	발행

카테고리	심선생의 교실
주제	교육·학문 >
공개 설정	● 전체공개 ○ 이웃공개 ○ 서로이웃공개 ○ 비공개
	모든 사람이 이 글을 볼 수 있습니다.
발행 설정	☑ 댓글허용 ☑ 공감허용 ☑ 검색허용 ?
	☑ 블로그/카페 공유 링크 허용 ? ☑ 외부 공유 허용 ?
	☐ 이 설정을 기본값으로 유지
태그 편집	#태그 입력 (최대 30개)
발행 시간	○ 현재 ● 예약
	☑ 설정한 시간으로 예약 발행됩니다
	2024. 10. 10 22 : 40
☐ 공지사항으로 등록	✓ 발행

먼저, 100일간 1일 1포스팅에 도전해 보세요. 일단 무엇이든 쓰다 보면, 그렇게 습관화가 된다면 생활에서 블로그 글감이 눈에 보이기 시작합니다. 블로그에 글을 쓰지 않으면 뭔가 찜찜한 경지에 오르게 됩니다. 습관이 블로그 글을 쓰게 만드는 겁니다.

이제 여러분은 상위 10% 블로거가 되었습니다!

제안　일단 일주일 동안 '1일 1포'에 도전해 보세요.

2-6 1일 1포스팅 쉽게 하는 법

물론, 1일 1포스팅이 쉽지만은 않을 겁니다. 1일 1포스팅은 왜 어려울까요?

먼저, 글쓰기가 어렵다고 생각하기 때문입니다. 바꿔 말하면 완벽한 글을 써야 한다는 생각 때문입니다. 세상에 완벽한 글은 없습니다. 노벨문학상을 수상한 헤밍웨이는 〈무기여 잘 있거라〉의 마지막 페이지만 서른아홉 번 퇴고했고, 톨스토이는 〈전쟁과 평화〉를 35년간 고쳤다고 합니다. 대문호들도 자신의 글을 수십 번 고치는데, 우리라고 완벽한 글을 쓸 수 있을까요? 심지어 우리가 쓰는 글은 문학 작품도 아닙니다.

일단 써야 합니다. 쓰다 보면 글쓰기 실력도 늡니다. 블로그 개설 초기에는 내 글을 읽어주는 사람이 많지 않기 때문에 오히려 좋은 기회라고 생각해도 좋습니다. 블로그가 활성화될 때까지 글쓰기 연습을 한다고 생각해도 좋습니다.

반대로 방문자 수가 늘어난다고 누군가를 의식할 필요도 없습니다. 블로그 글을 읽는 사람들이 내 글을 한 글자 한 글자 음미하면서 읽을까요?

네이버 블로그에 따르면 1개의 게시글을 읽는 데 사용하는 평균 시간이 155초, 2분 30초 정도밖에 되지 않습니다. 3분도 안 되는 시선을 의식하며 글을 쓸 필요는 없습니다. 편안한 마음으로 진정성 있는 글을 쓴다면, 그것이 꾸준히 이어진다면 글쓰기 실력은 자연스레 향상됩니다.

1일 1포스팅이 어려운 두 번째 이유는 글감이 부족하기 때문입니다. 사실 가장 현실적인 이유입니다. 아이들이 일기 쓸 때의 마음이랄까요. 출근해서 정신없이 수업하고, 업무를 하다 보면 퇴근 시간이 다가옵니다. 저녁 먹고 조금 쉬면 잘 시간이고요. 어제와 똑같은 하루 같은데, 도대체 블로그에 어떤 글을 써야 할지 막막할 수 있습니다.

앞에서 '챌린지 프로그램'이나 '부캐'에 대해 언급했지만, 저는 최대한 '교육'과 '교실'에서 글감을 찾고 싶었습니다. 이럴 때 제가 활용한 것은 '사진'과 '메모'입니다.

많은 작가들도 메모의 중요성을 강조합니다.

〈대통령의 글쓰기〉, 〈나는 말하듯이 쓴다〉의 강원국 작가는 3년 가까이 1,700개의 메모를 썼다고 합니다. 하루 세끼 밥 먹듯 세 개 정도를 쓰기 시작하다가 열댓 개씩 쓰는 날도 생겼고, 이 메모들이 모여 〈강원국의 글쓰기〉란 책이 되었습니다.

수많은 책을 쓴 강준만 작가는 '적자생존'이라고까지 말합니다. 선택받은 자, 살아남은 자가 아니라 글 등을 수첩에 적는 자가 살아남는다는 뜻입니다. '적자생존은 아이디어 창출과 더불어 글쓰기의 주요 동력이 된다'라고 이야기합니다.

블로그에 갑자기 작가들 이야기를 해서 놀라셨나요? 블로그도 결국 글쓰기입니다. 순간순간 떠오르는 것들을 메모하면 블로그 글쓰기에도 큰 도움이 됩니다. 수첩에 해도, 스마트폰 메모장이나 달력에 해도 좋습니다. 하지만 블로거라면 블로그에 메모를 해야죠.

블로그에 올릴만한 글감이나 좋은 생각들이 떠오르면 블로그 글쓰기 메뉴에 들어갑니다. 제목만 적어둬도 좋고, 내용을 간단하게 메모해도 좋습니다. 그리고 임시 저장을 해둡니다.

[그림 2-10]

임시저장 글

총 35개   편집

첫눈 동시
2024.02.28 11:23

실력은 실행력의 준말
2024.02.27 10:06

시리즈에 도전하라 (이미 잘 된 책의 후속 기획안을 잘 적어서 해당 출…
2024.02.05 21:41

(문해력 마법 학교 : 동시) 희망도서 신청 이벤트
2024.01.15 13:53

인세 기부
2024.01.04 10:55

취소   수업 아이디어 · 전체 ▾   등록

두근두근 세계여행 놀이
아이디어

◉ 위치 추가

두근두근 카드를 똑같이 들고 돌아다닌다
짝을 지어 가위바위보
이긴 사람은 자기 카드 하나를 주고
진 사람 카드 중에 하나를 안 보고 뽑아간다
짝을 찾으면 제출
반복해서 없어질 때까지

1등 한 사람이 다음판 심판

[그림 2-10]처럼 수업 아이디어를 적어 두기도 합니다. 저에게 수업 아이디어는 좋은 글감이 되기 때문이죠. 이렇게 블로그에 남겨두면 잃어버릴 일도 없습니다. 그리고 시간이 날 때 저장해둔 메모들로 블로그 글을 완성합니다. 오래도록 묵혀 있는 것들도 있지만, 언젠가 빛을 볼 날이 올 겁니다. 블로그 글감은 언제 떨어질지 모르니까요.

사실 메모보다 더 좋은 글감은 스마트폰 앨범에 있습니다. 잘 찍은 사진들은 블로그 포스팅을 쉽게 만들거든요. 작가들이 '적자생존'을 외친다면, 교사 블로거들에게는 '찍자생존'을 강조하고 싶습니다.

저는 수업 중에 아이들에게 활동을 시키고는 교실을 돌며 열심히 사진을 찍습니다. 수업이 끝나면 학습지나 활동 결과물들도 꼭 앨범에 남겨 놓는 버릇이 생겼습니다. 학교 행사나 특별한 체험이 있을 때도 마찬가지입니다. 이때 남긴 사진들은 제 블로그의 소중한 글감이 됩니다. 1일 1수업 포스팅을 위해 특정 수업을 더 많이 찍어두기는 하지만, 거의 모든 시간에 사진을 찍어둡니다. 그래서 갤러리를 잘 뒤져보면 글감이 나옵니다.

며칠 지난 일도 사진을 보면 기억이 납니다. 그냥 흘려보낼 평범한 일상이었을지도 모르지만, 블로그 포스팅을 통해 특별한 순간으로 되살아납니다. 이 순간이 오래도록 블로그에 남아 있기도 하고요. 단순히 글만 적는 것보다 사진을 추가하면 더 생동감 있는 기록이 됩니다. 제가 블로그를 하면서 좋았던 것 중 하나가 추억들이 남는다는 것입니다. 시간이 지나 잊어버리는 것이 아니라 오래도록 남겨둘 수 있다는 것이죠. 그리고 그 시작은 많은 사진을 찍어두는 것이었습니다.

핸드폰에 블로그 앱만 깔아두면 사진도 금방 올릴 수 있습니다. 블로그에서 간단한 사진 편집도 가능합니다. 사진 한 장이 여러 개의 문장보다 훨씬 좋은 글을 만들기도 합니다. 더 빠르게 쓸 수 있습니다. 그러니 '1일 1포'의 세계에서 더 오래 생존할 수 있습니다. '찍자생존'입니다.

1일 1포스팅 쉽게 하는 법을 알려준다고 하더니 더 어려운 숙제를 드렸나요? 걱정하실 필요 없습니다. 지금 스마트폰 앨범을 열어보세요. 혹은 메모장 앱이나 달력 앱을 열어보셔도 좋습니다. 분명히 좋은 글감이 숨어 있을 겁니다. 좋지 않아도 됩니다. 일단 쓰다 보면 글감 찾기와 글쓰기 실력은 향상되기 마련입니다.

제안 휴대폰에 있는 사진을 골라 블로그 글로 완성해 보세요.

교사,
블로그를 하다.

2-7 블로그도 루틴이다

글쓰기에 대한 두려움도 극복하고, 글감도 찾아내셨나요?

이제 블로그에 접속합니다. 그런데 재미난 기사 제목이 보입니다. 기사를 정독하다 보니 목이 말라 물도 한 잔 마십니다. 다시 블로그에 들어가 글을 쓰기 시작합니다. 갑자기 웹툰이 보고 싶네요. 글도 잘 안 써지는데, 한 편 정도는 봐도 괜찮지 않나 싶습니다. 재밌어서 몇 편을 더 보고 글을 쓰려고 보니 밤이 늦었습니다. 시간은 내일도 있고, 출근은 해야 하니 일단 잠자리에 듭니다. 1일 1 포스팅에 실패하는 과정을 간단하게 묘사해봤습니다. 이것이 반복되면 결국 블로그는 방치의 길로 빠지게 될 거예요.

기분이 내킬 때만 쓰는 그룹과 매일 일정하게 쓰는 그룹의 글쓰기를 비교한 실험이 있습니다. 후자가 훨씬 창조적인 글을 더 많이 쓴다는 실험 결과가 나왔고요. 실험 결과를 통해 글쓰기 루틴이 생산성과 창의성을 담보한다는 것을 알 수 있습니다.

블로그도 결국 글쓰기입니다. 블로그를 잘하기 위해서도 루틴을 만드는 것이 좋습니다. 특히 매일 비슷한 시간에 '마감'을 정해 놓는다면 더욱 좋습니다. 마감 시간 전에 글을 쓰기 위해 글감을 찾으려 더 노력하게 되고, 이 과정이 하나의 루틴으로 굳어지는 것이죠.

저는 아침 출근길에 블로그 '답방'을 다닙니다. 블로그 앱을 활용해서 제 블로그에 방문해 준 이웃들의 블로그 글을 읽고 댓글을 쓰는 겁니다. 출근 이후에는 수업과 생활 지도에 열중합니다. 동시에 이 시간이 '글감'을 찾는 시간이기도 합니다. 아이들 활동과 결과물을 사진에 담아두고, 인상 깊은 일들은 메모로 남깁니다. 저는 하루에 하나의 수업은 블로그에 올려도 부끄럽지 않도록 조금 더 신경을 써서 준비합니다. 이 수업은 조금 더 꼼꼼하게 사진을 찍고 블로그에 간단한 메모와 함께 '임시저장' 해놓습니다.

수업이 끝나면 다른 선생님들과 마찬가지로 수업 준비와 밀린 학교 업무에 매진합니다. 역시 좋은 글감들이 넘쳐납니다. 좋은 수업 아이디어와 자료를 만들어 블로그에 공유할 수 있으니까요. 간혹 아이들에게 보여줄 예시 자료를 미리 블로그에 올려 두거나, 블로그 글 링크를 알려 주며 숙제를 주기도 합니다.

퇴근길 자투리 시간을 이용해 다시 '답방'에 나섭니다. 집에 도착하면 아이가 잘 때까지는 글을 쓸 엄두가 나지 않습니다. 아이가 잠들면 본격적으로 블로그에 접속합니다. 학교에서 저장해둔 사진과 메모를 바탕으로 포스팅을 합니다. 수업 아이디어라면 학교에서 만들어둔 자료를 활용합니다. 활동지를 캡처해서 올리고 글을 쓰다 보면 수정할 부분도 보이고, 수업에 어떻게 적용할지 시뮬레이션도 할 수 있습니다.

글을 다 쓰면 일단 저장합니다. 그리고 어제 글을 올린 시간을 확인합니다. 이

시간이 저에게는 마감 시간이 됩니다. 마감 시간보다 너무 빨리 글을 올리지도 않습니다. 어제 쓴 글이 최소 24시간 동안 제 블로그의 최신 글이 되길 바라기 때문입니다. 그리고 '발행'을 누른 뒤부터 24시간이란 마감이 생기는 내일의 저를 위해서이기도 합니다.

혹시 시간이나 글감이 많아서 두 개의 글을 쓰더라도 한꺼번에 올리지 않습니다. 블로그에 저축해두고 내일을 대비합니다. 내일의 나는 바쁠지도 모르니까요.

글을 쓸 때는 주로 PC를 이용하지만 '발행(등록)'은 스마트폰 앱을 이용하기도 합니다. 이것 또한 비슷한 시간에 글을 올릴 때 편합니다. 어제와 같은 시간에 글 올리기가 힘들 것 같으면 예약 기능을 활용하기도 합니다. 모두 마감 시간을 유지하기 위한 노력입니다.

지금까지 만 4년의 블로거 생활을 통해 익숙해진 제 루틴입니다. 장황하지만 블로그에 온전히 투자하는 시간은 1시간에서 1시간 반 정도입니다. 많다면 많은 시간이지만 블로그 포스팅을 하며 수업을 준비하거나 반성하는 시간도 포함됩니다. 결국 업무의 연장선이자 자기 계발의 시간이기도 한 셈입니다. 충분히 할애할 수 있는 시간이라고 생각합니다. 저보다 더 많은 시간을 투자하시는 분들이 더 많을 거고요.

루틴은 모두가 다를 수 있습니다. 아침 일찍 일어나는 것이 힘든 저의 경우에는 글을 주로 밤에 썼지만, 새벽에 글을 쓰시는 블로거도 많습니다. '미라클 모닝'이라고 해서 새벽 4-5시에 일어나 다양한 루틴을 만드는 분들도 계시고요. 당연히 루틴을 만드는 건 힘든 일입니다. 그래도 루틴이 익숙해지는 데 가장 큰 역할을 한 건 바로 마감 시간을 정해 놓은 일이었습니다. 1일 1포스팅을 위해 전날 글을 올린 시간까지는 최소한 하나의 글을 더 써두자는 목표를 설정하는 것이죠. 글을 하나 올리고 나면 저에게 다시 하루라는 마감 시간이 생겼고, 이를 지키기 위해 최선을 다했습니다.

베스트셀러 작가인 소설가 김훈은 책상에 '필일오(必日五)'라고 써놓았다고 합니다. 하루에 원고 5매를 꼭 쓴다는 의미입니다. 이 다섯 매를 쓰기 전까지는 책상에서 일어나지 않는 것이죠. 시간이 아닌 양을 '마감'으로 정해 놓는 겁니다. '1일 1포스팅'과 의미가 통합니다. 하지만 우리는 전업 작가, 전업 블로거가 아니기 때문에 양과 시간을 함께 정해야 더욱 효율적인 블로그 생활을 할 수 있습니다.

1일 1포스팅이 힘들다면 2일 1포스팅도 좋습니다. 조금 더 빠른 브랜딩을 위해서 1일 2포스팅을 목표로 하면 더 좋습니다. 무엇이 되었든 하루에 하나를 쓰든 일주일에 하나를 쓰든, 루틴을 만드는 것이 중요합니다. 속도는 모두 다르겠지만 루틴대로만 꾸준히 블로그를 한다면, 언젠가는 수백 개의 게시물이 쌓이게 될 겁니다.

저 역시 바쁜 일로 빠듯하게 마감을 지킨 날도, 여유가 있어 한 편을 더 써서 내일의 나를 위해 남겨둔 날도 있었습니다. 물론, 마감을 지키지 못하고 1일 1포스팅에 실패한 날도 있었죠. 그래도 다음 날에는 다시 루틴을 회복합니다. 새로운 글을 올리며 마감 시간을 다시 정하기도 합니다.

여러분들도 여러분에게 맞는 루틴을 만드세요.
블로그도 루틴이 중요합니다.

일   포스팅

주로 글을 쓸 시간: 시 -   시

글을 게시할 시간: 시   분

글을 게시할 요일:

글을 게시하지 않고 쉬고 싶은 요일:

교사,
블로그를 하다.

2-8 주말엔 쉬세요

하루에 하나의 글을 올리는 루틴이 잘 형성되고, 1일 1포스팅을 최소 100일 이상 지속했다면, 여러분은 평범한 사람이 아닙니다. 1일 1포스팅을 가로막는 다양한 장애물들을 넘어설 수 있었다면, 무얼 해도 성공하실 수 있는 대단한 분들입니다.

그렇지만 대부분의 초보 블로거라면 한 번에 성공하기가 쉽진 않을 겁니다. 처음부터 블로그를 통해 당장 이익을 얻겠다는 수익형 블로거가 아니기 때문에 몸과 마음에 부담을 주면서까지 그렇게 할 필요도 없고요.

1일 1포스팅의 목적이 '습관'의 형성이라고 말씀드렸기 때문에, 잠시 쉬는 날을 정하는 것도 좋은 선택입니다. 대신 쉬는 날은 가능하다면 주말로 정하는 것이 좋습니다.

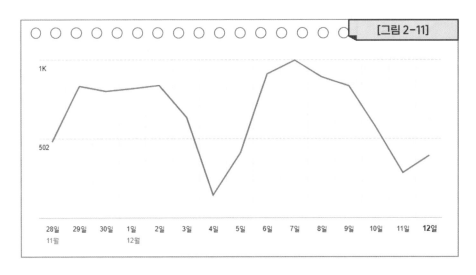

[그림 2-11]은 네이버 블로그 '통계' 메뉴에서 볼 수 있는 11월 28일부터 12월 12일까지의 블로그 조회수 그래프입니다. 하루 동안 내 블로그 글을 몇 번이나 조회했는지를 알 수 있는 통계 자료입니다. 근데 그래프를 보면 중간에 골짜기 모양이 반복됨을 알 수 있습니다.

[그림 2-12]

날짜	전체	피이웃	서로이웃	기타
2021.12.12. (일)	396	38	47	311
2021.12.11. (토)	287	72	54	161
2021.12.10. (금)	580	57	47	476
2021.12.09. (목)	839	63	65	711
2021.12.08. (수)	897	57	74	766
2021.12.07. (화)	1,003	57	37	909
2021.12.06. (월)	916	71	77	768

표로 보면 더욱 명확합니다. 월요일, 화요일 900~1,000회 정도의 조회수가 토

요일, 월요일에는 반으로 뚝 떨어집니다.

[그림 2-13]

그림책 에세이 · 여름 (36)	63	2021. 12. 12
부크크 종이책 출판 - 아이들 시집이 드디어 도착했어요!(폰카시 쓰기 프로젝트) (54)	234	2021. 12. 11
한 학기 한 권 읽기 활동지 제작!!(출판사 합업) (24)	155	2021. 12. 10
크리스마스 야경 그림 그리기 (블로그 마을 크리스마스 파티로 가는 길!) (56)	438	2021. 12. 9
[2021 마이 블로그 리포트] 블로그 빅데이터로 알아보는 '2021 내 블로그 스타일' (20)	59	2021. 12. 8
부크크 종이책 출판 승인 완료(폰카시 쓰기 프로젝트) (28)	171	2021. 12. 8
그림책 활용 통일 교육 · 〈전쟁 말고 평화를 주세요〉 (8)	83	2021. 12. 7
가르침에 지친 당신을 위한 방구석 인문학(정여울 지음 / 아이스크림) · 딱히 지치진 않았지만 마음은 마음이 편안해집니다	60	2021. 12. 6

12월 8일 두 개의 글을 올린 것을 제외하고는 모든 날 한 개씩 포스팅했어요. 심지어 12월 11일(토)에 올린 글은 12월 8일(수)에 올린 두 개의 글보다도 조회수가 높습니다. 그런데도 블로그 전체 방문자 수는 주말과 평일의 차이가 납니다. 이 기간뿐만 아니라 대부분의 월-목요일은 상대적으로 조회수가 높고, 금-일요일에는 조회수가 절반 정도밖에 되지 않았습니다. 왜 이런 결과가 나올까요?

바로 제 블로그가 '교육·학문' 분야 블로그이기 때문입니다. 만약 제 블로그에 맛집이나 여행지를 소개하는 글이 많았다면, 오히려 평일에 비해 주말에 방문자 수가 더 많았을 겁니다. '맛집·여행지'는 주말에 더 필요한 정보니까요. 하지만 제가 주로 글을 쓰는 교육과 관련된 내용들은 주말보다 평일에 수요가 더 많은 것이죠. 쉽게 이야기하면 교육·학문 분야 블로그를 운영하시는 블로거들이나 관심이 있어 검색하는 사람들 모두 주말엔 쉰다는 겁니다.

물론, 남들 다 쉴 때 나만 조금 더 열심히 한다면 블로그 활성화 시간을 단축할 수도 있습니다. 문제는 주말까지 쉬지 않다가 평일 리듬이 깨질 수도 있다는 점입니다. 우리의 글감은 주로 교실에서 나옵니다. 당연히 출근하지 않는 주말에는 글감 찾기도 힘들어집니다. 없는 글감 있는 글감 열심히 모아서 글을 쓸 순 있지만, 평일에 몇 배는 힘이 듭니다. 그런데 읽는 사람 수가 적어 기분이 상하는 경우까지 생기니 블로그 습관화에는 악영향을 미칠 수 있습니다. 그러니 휴식이 필요하다면 주말이 좋다는 것입니다.

주말에 마냥 쉬는 게 불안하다면, 뭘 하면 좋을까요?

첫 번째는 다른 분야의 글을 써보는 겁니다. 월~금요일, 혹은 월~목요일에 교육 관련 글을 썼다면, 주말에는 다른 글쓰기에 도전해보세요. 역시 꾸준히 쓸 수 있는 주제가 좋습니다. 자신의 취미를 반영하는 것이 가장 무난합니다. 소설, 영화, 연극을 보고 리뷰를 써 볼 수도 있습니다. 교육과 연관시킬 수도 있어 가장 꾸준히 할 수 있는 글쓰기 주제이기도 합니다. 또 식당이나 여행지 모습을 정리해 두는 것에 흥미가 생기는 분도 계실 겁니다. 이렇게 주말에 다른 글을 쓰면서 블로그에 나 자신을 표현할 수도 있고, 반복적이고 지루할 수도 있는 블로그 생활에 활력소가 될 수도 있습니다.

두 번째는 평일에 올릴 글을 미리 작성해 두는 것입니다. 블로그의 '예약'과 '저장' 기능을 앞에서 소개했습니다. 주말에 내 글을 읽으러 들어와 줄 사람이 적다면, 주말에 글을 쓰고 평일에 올리는 것도 좋은 방법입니다. 주말에 미리 수업을 준비하면서 만든 자료들을 블로그에 정리해 둘 수도 있고, 미처 쓰지 못한 수업 후기를 쓸 수도 있습니다. 이 글을 주말에 바로 발행하는 것이 아니라 월요일을 위해 남겨두는 것이죠. 혹시 모를 바쁜 날을 위한 보험을 들어두는 겁니다. 블로그 목표로 세운 1일 1포스팅, 혹은 매주 5개의 글쓰기 등을 다 해냈을 때의 성취감은 말로 다 할 수 없습니다. 반대로 실패했을 때의 좌절감도 생각보다 매우 큽니다. 블로그에서의 성공 경험을 쌓기 위해 주말을 잘 활용하는 것도 좋은 방법입니다.

1일 1포스팅은 블로거라면 욕심이 나는 목표이자 타이틀입니다. 하지만 그렇게 집착할 필요도 없습니다. 중요한 건 블로그 세계에서 오래 남아 있을 수 있는 '꾸준함'이란 무기를 장착하는 일입니다. 그런 꾸준함을 위해 주말엔 조금 쉬셔도 좋습니다.

> **제안** **주말에 올릴 수 있는 포스팅 주제를 정하고, 글을 작성해 보세요.**
> (예: 육아, 맛집, 쇼핑, 서평 등)

교사,
블로그를 하다.

방학은 기회의 시간

제 블로그의 월간 조회수 그래프입니다.

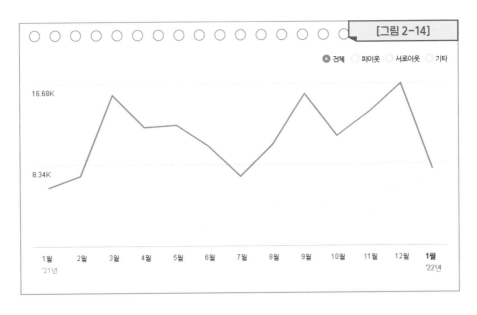

[그림 2-14]

방학(1~2월, 7~8월)인 달과 방학이 아닌 달의 차이가 느껴지시나요?

주말과 같은 의미로 교육 블로거에게 방학은 비수기에 해당합니다. 교육자료를 찾는 선생님들의 발걸음도 뜸하고, 공부를 위해 검색을 하는 학생들 역시 줄어듭니다. 블로그 방문자 수는 급감하고 어떤 주제로 포스팅할지 어려움을 겪기도 합니다. 그렇지만 주말처럼 방학에도 쉬시라고 말씀드릴 순 없습니다. 애써 형성한 블로그 습관이 망가질 수 있기 때문입니다.

교사에게나 학생에게나 방학은 참 짧고도 긴 시간입니다. 이 시간을 어떻게 활용하느냐가 개인의 발전에 성패를 가르기도 합니다. 교사 블로거에게도 마찬가지입니다. 많은 교사 블로거들은 방학을 어떻게 보낼까요?

'함행우' 학급살이로 유명한 '나승빈 선생님'은 '이달의 블로그'에 세 번이나 선정될 정도로 활발하게 활동하는 교사 블로거 중 한 명입니다. 지금까지 6,000개가 넘는 글이 올라와 있고, 많은 책을 내기도 했습니다. 학기 중에는 주로 학급살이에 대한 이야기들이 블로그에 올라오는데, 방학 동안에는 교육 관련 서적의 서평이 많이 등장합니다.

[그림 2-15]

좋은책 323개의 글	목록닫기
글 제목	작성일
[2022-10] 최고의 교사는 어떻게 가르치는가 2.0(더그 레모브 지음 | 이주혜 옮김 | 구정화 감수) (3)	2022. 3. 1.
[2022-9] 교사와 학생 사이(하임 G. 기너트 지음 | 신홍민 옮김) (1)	2022. 2. 26.
[2022-8] 아이들이 열중하는 수업에는 법칙이 있다(무코야마 요이치 지음 | 한형식 옮김) (14)	2022. 2. 23.
[2022-7] 에스퀴스 선생님의 위대한 수업(레이프 에스퀴스 지음, 박인균 옮김) (2)	2022. 2. 14.
[2022-6] 놀이의 반란(EBS<놀이의 반란>제작팀 지음) (3)	2022. 2. 9.
2022년 독서 달력	2022. 2. 9.
[2022-5] 교사의 말(마이크 앤더슨 지음) (2)	2022. 2. 4.
[2022-4] 교사는 어떻게 아이의 삶을 바꾸는가(해나 비치, 타마라 뉴펠드 스트라이잭 지음 | 박영주 옮김) (3)	2022. 2. 3.
[2022-3] 아이들을 놀게 하라(파시 살베리, 윌리엄 도일 지음/김정은 옮김) (4)	2022. 1. 30.
[2022-2] 세금 내는 아이들(옥효진 글, 김미연 그림)	2022. 1. 25.

2022년 겨울 방학에만 10개의 서평을 작성했습니다. 제목만 살짝 살펴봐도 꽤 집중해서 오랜 시간 읽어야 할 것 같은 책도 많이 보이고요.

핑계일지 모르지만 학기 중에는 책 읽을 시간이 많지 않습니다. 저 같은 경우에는 수업 활용을 위한 그림책과 동화책 읽는 시간만으로도 벅찹니다. 수업 준비만으로도 시간이 훌쩍 가기도 하고요. 하지만 교사로서 꾸준한 자기 계발을 위한 교육 서적 읽기도 멈춰서는 안 됩니다. 답은 방학입니다. 학기 시작 전 읽은 책들은 한 학기를, 1년을 든든하게 만들어 줄 것입니다. 블로그에 서평이 쌓이는 것은 덤이겠고요.

교사에게는 책 읽기보다 학기 중에 더 하기 어려운 것이 있습니다. 바로 여행입니다. 매일 수업이 있으니 연가 쓰기는 쉽지 않고, 더군다나 긴 시간 여행은 꿈도 꾸기 어렵습니다. 하지만 1년 동안 쓰지 못한 연가를 방학 때 몰아 쓰면 장거리 여행도 불가능한 것은 아닙니다. 이때의 경험은 교직 생활에 큰 활력소이자 수업 소재가 되기도 합니다. 그런 여행의 기록을 블로그에 남기면 어떨까요?

지금은 교직을 떠나셨지만 박전현(블로그 별명: 영촌) 선생님이 운영하는 '국어 교사 박전현입니다'란 블로그는 2012년부터 현재까지 2,000만 명의 누적 방문자 수를 자랑하고 있습니다.

이 블로그는 네이버 이달의 블로그(교육·학문 분야)로도 선정되었지만 상당수의 게시물(2,000개 이상)은 여행 관련 내용을 담고 있습니다. 선생님 블로그에 방문하는 많은 수의 방문자는 교육과 관련한 내용 덕분일 겁니다. 하지만 박전현 선생님이 10년이 넘는 긴 시간 블로그를 운영할 수 있었던 원동력은 여행 포스팅에 있었다고 생각합니다. 내가 잘할 수 있는 콘텐츠를 쌓는 것도 중요하지만, 내가 좋아하는 콘텐츠가 있다는 것은 블로그에 더 큰 애정을 만들어 주기 때문입니다. 꾸준히 블로그에 기록을 쌓으면 그만큼 나의 애정도 쌓입니다.

　이 외에도 방학에는 평소에 할 수 없었던 많은 도전을 할 수 있습니다. 꼭 교육과 관련될 필요는 없습니다. 평소에 힘들었던 새벽에 일어나기를 통해 새로운 일상을 여는 '미라클 모닝'이나 글쓰기, 운동 등 인생을 바꿔 줄 루틴을 만드는 시기가 될 수도 있습니다. 중요한 것은 소중한 방학의 기록을 블로그에 남긴다는 것입니다.

　교육 블로거에게 방학은 비수기일 수 있습니다. 하지만 인생을 기록하는 블로거에게 방학은 또다른 성수기입니다.

> **제안**　내가 가장 즐거움을 느낄 수 있는 주제는 무엇인가요?
> 혹은 학기 중엔 바빠서 할 수 없는 일은 없나요?
> 한 가지를 정해 방학 기간에 즐기고, 블로그에 기록을 남겨 보세요.

소문, 어디까지 낼까요?

2-10

　유튜브에 열심, 아니 진심인 지인이 있습니다. 두 명이 의기투합해 열심히 영상을 업로드 중입니다. 별로 친한 사이는 아니지만 유튜브를 시작했다고 하니 구독을 눌렀습니다. 그러고는 아주 가끔 영상을 시청했어요. 얼마 뒤 다시 만난 지인은 새로운 채널을 개설했다고 하더군요. '알고리즘'이 엉망으로 꼬여 유입량이 영 신통치 않다는 이유에서였습니다. 당연히 새로 개설한 채널은 알려주지 않고 있고요.

　유튜브, 블로그 등을 개설하면 '지인 찬스'의 유혹에 빠지곤 합니다. 영상이나 글을 올렸는데 아무도 봐주지 않으니 조마조마해지는 것이죠. 가족, 친한 친구들에게 홍보하고, 나중에는 별로 친하지 않은 사람들에게도 한 번 들어와 달라고 간청합니다. 지인들은 당연히 들어옵니다. 구독도 누르고, 이웃 추가도 눌러줍니다. 순간 방문자 수가 늘고, 조회수가 늘어나니 기분이 좋습니다. 그런데, 딱 거기까지입니다.

나랑 친한 사람들이라고 해서 관심사가 같은 건 아닙니다. 의리로 들어가 줬지만 뭔소리를 하는 건지 공감을 못하고, 이내 발길을 끊는 사람들이 대부분입니다. 열심히 홍보했는데 조회수에 큰 변화가 없으니 제풀에 꺾이는 사람들도 많습니다.

또 하나의 문제점은 자기검열입니다. 아는 사람들에게 잔뜩 홍보해 놓고 보니, 글을 쓰면서 그 사람들 얼굴이 아른거립니다. 평소 내 모습을 아는 사람들이 이 글을 읽으면 가소로워하지 않을까, '폼' 잡는다고 비웃지는 않을까 걱정도 듭니다. 결국 쓰고 싶은 말을 못 쓰기 시작합니다.

당연히 내가 쓴 글을 많은 사람들이 읽어주면 기분이 좋습니다. 그러기 위해 노력하는 것도 당연한 일입니다. 하지만 조바심을 낼 필요는 없습니다. 특히 아는 사람들에게 블로그를 홍보하는 건 조금 나중에 해도 괜찮습니다. 관심사가 비슷한 사람들은 얘기를 안 해줘도 알아서 들어옵니다.

그럼 홍보를 아예 하지 말아야 할까요? 제가 생각하는 방법은 크게 두 가지입니다. 이웃을 추가하는 방법과 관련 커뮤니티에 홍보하는 방법입니다. 이웃 추가와 관련해서는 다음 장에서 다루도록 하고, 먼저 커뮤니티 홍보와 관련해 설명해 드리겠습니다.

저는 블로그 개설 초기에 주로 책 서평을 썼습니다. 그리고 그 서평을 정리해서 다시 인터넷 서점 리뷰로 옮겼습니다. 리뷰 마지막에는 제 블로그 글을 링크해놨고요. 간혹 이 링크를 타고 제 블로그에 오시는 분들이 생기더군요. 이후 다른 커뮤니티에도 제 블로그 주소를 남겨두기 시작했습니다.

대표적인 곳은 '인디스쿨'입니다. 초등교사라면 모르는 사람이 거의 없는 대한민국 최고의 초등교사 커뮤니티입니다. 다양한 교육 자료들과 경험을 공유하는 곳이죠. 이곳에 제 블로그 글을 요약해서 올리기 시작했습니다. 독서(한 학기 한 권 읽기) 수업 자료와 후기, 수학 관련 지도서 정리 글, 미술 수업 후기 등 다른 선생님들께 도움이 될 만한 글들만 엄선해서 말입니다. 물론, 블로그에 공을 들인 것만큼 똑같이 글을 쓸 순 없어서 주요 내용과 자료 파일을 올린 뒤 블로그 게시글 링크를 남겼습니다. 더 자세한 내용이 궁금한 사람들만 찾아오게 말이죠.

비슷한 곳으로 '네이버 밴드'가 있습니다. 네이버에서 운영하는 '밴드'에는 정말 다양한 모임들이 있습니다. 관심사가 비슷한 밴드에 가입하고, 같은 방식으로 블로그 글을 정리해 올립니다. 마지막에 블로그 링크도 잊지 않고요.

홍보를 의도한 건 아니지만, 많은 분들이 이 링크들을 통해 제 블로그를 찾아주셨습니다. 이처럼 결과적으로 관심사가 같은 분들, 더 자세한 내용을 알고 싶으신 분들만 들어오시게 됩니다. 이분들은 장기적인 구독자가 될 확률이 높아지고요.

내가 쓴 좋은 글을 많은 분이 읽어주셨으면 하는 바람은 당연한 겁니다. 하지만 '교육·학문' 분야는 검색만에 기대어 많은 방문자를 기대할 수가 없습니다. 글을 썼는데, 조회수가 많지 않으니 실망하기도 쉽습니다.

이럴 땐 그 글을 다른 커뮤니티에도 올려보세요. 쓴 글을 정리해서 올리는 건 시간도 오래 걸리지 않습니다. 이 짧은 시간 투자로 선생님 블로그에 좋은 소문이 퍼지게 될 겁니다. 감사하다는, 잘 보고 있다는 댓글이 블로그 글을 올리는 원동력이 됩니다.

좋은 글이 아닌 것 같다고요? 누가 읽겠냐고요? 일단 알려보세요. 판단은 다른 분들이 하실 겁니다.

> **제안** 마음에 드는 블로그 글 하나를 요약하여 커뮤니티에 공유해 보세요. 해당 글 링크를 올리는 것을 잊지 마시고요.

교사,
블로그를 하다.

2-11 블로그의 동반자, '이웃'

블로그의 이웃 시스템은 블로그 운영에 재미를 붙이는 중요한 요소 중의 하나입니다. 다양한 블로그 서적에서도 이웃 관리의 중요성을 역설하고 있습니다. 이웃과의 소통이 중요한 이유는 무엇일까요?

먼저, 블로그 개설 초기에 내 블로그와 내 글을 홍보하는 가장 확실한 방법 중 하나가 '이웃 늘리기'입니다. 내 글을 사람들이 읽는 방법은 크게 두 가지로 나눌 수 있습니다. 하나는 '검색'을 통해서 모르는 사람들이 읽는 것이고, 다른 하나는 내 이웃들이 찾아와서 읽는 경우입니다.

블로그에는 이웃들의 새글을 모아서 보여주는 '새글 피드' 기능이 있습니다. 블로그에 접속하면 이웃들이 최근에 쓴 글들의 목록이 뜨고, 원하는 글을 클릭해 읽을 수 있게 합니다. 즉, 이웃의 수가 많으면 많을수록 내 글이 노출될 가능성도 크다는 것입니다. '교육·학문' 분야의 경우 다른 분야에 비해 검색 유입이 높지 않은 편이기 때문에 이웃들의 존재는 초반 블로그를 운영하는 데 큰 힘이 됩니다.

공개적인 장소에 글을 쓰는 이유는 결국 누군가 봐줬으면 하는 마음이 있기 때문입니다. 내가 열심히 쓴 글을 아무도 봐주지 않는다면 금방 동력을 잃고 더 이상 글을 쓰지 않을 가능성도 커집니다. 블로그 초반 이웃을 늘려 고정 독자층을 마련해 놓는다면 블로그 글쓰기 습관 형성에 큰 도움이 됩니다.

이웃들과의 소통 그 자체도 블로그의 재미 요소입니다. 저는 글쓰기가 마무리되면 이웃 블로그 탐방에 나섭니다. 제 블로그에 방문해준 이웃들 블로그에 들리는 '답방'의 의미도 있지만, 좋은 글을 읽거나 정보를 읽는 시간이기도 합니다. 좋은 이웃을 많이 만들수록 더 좋은 글들을 접할 수 있습니다. 교육 관련 블로거들과 이웃 관계를 잘 맺어두면 양질의 교육 자료와 수업 아이디어를 얻을 수도 있게 됩니다. 그래서 어떤 이웃들을 만드는지도 굉장히 중요합니다.

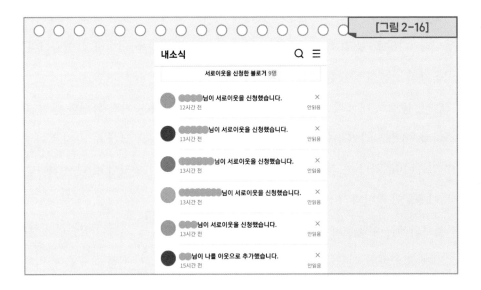

[그림 2-16]

블로그 경력이 쌓이다 보면 [그림 2-16]처럼 꽤 많은 이웃 추가와 서로이웃 신청을 받게 됩니다. 제 블로그에 찾아오셔서 이웃 신청을 해주셔서 감사하긴 하지만, 업체의 광고성 블로그이거나 관심사가 다른 경우 '거절'을 하기도 합니다. 관심사가 비슷하거나 진심 어린 서로이웃 신청글을 남겨주신 경우에만 인연을 맺는 것이죠.

반대로 저도 블로그 초반에는 '교육·학문' 분야 이달의 블로그를 찾아다니며 이웃 추가와 서로이웃 신청을 하곤 했습니다. 이달의 블로그뿐만 아니라 이달의 블로그에 방문하는 블로거들도 결국은 관심사가 비슷하지 않을까 하는 마음에 찾아다니며 서로이웃 신청을 하기도 했습니다. 그러다 보니 현재 나를 추가한 이웃이 4,800명, 내가 추가한 이웃이 1,600명쯤 되네요. 꽤 많은 이웃이 생겼습니다.

물론 이 이웃들과 모두 소통하는 것은 아닙니다. 방문만 하시는 분, 공감만 남기시는 분, 댓글도 남기시는 분 등 다양합니다. 방문자 모두가 이웃이 아닐 수도 있고요. 특히 '댓글'로 이야기를 주고받는 이웃들은 몇 명 되지 않습니다. 적은 수지만 이런 댓글들이 블로그 활동의 힘이 될 때가 많습니다.

카네기 인간관계론에서는 '칭찬'의 중요성을 강조합니다. 심리학자 지그문트 프로이트는 인간의 모든 행동 동기가 성적 욕구와 '위대해지고 싶은 욕망'에서 나온다고 했습니다. 철학자 존 듀이 또한 인간의 가장 강한 욕구는 '중요한 존재가 되고 싶은 욕망'이라고 했고요. 이런 욕망을 채워줄 수 있는 가장 간단한 방법이 무엇일까요?

백만장자 찰스 슈워브는 다음과 같이 말합니다.

"사람들에게 열정을 불러일으키는 능력이야말로 내가 가진 최고의 자산이며, 한 개인의 능력을 최대치로 끌어올리는 방법은 인정과 격려라고 생각합니다."

사람들의 열정을 불러일으키기 위해, 즉 행동 동기를 끌어내기 위해 '인정과 격려'를 해주면 된다는 겁니다.

블로그의 세계에서 '인정과 격려'를 해주는 존재가 바로 이웃들입니다.

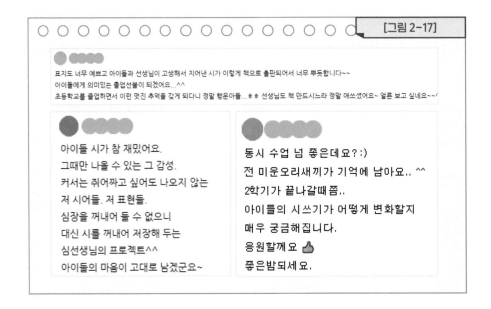

나의 수업을 칭찬해주고, 나의 활동들을 인정하고 격려해주는 이웃들이 있어, 저는 큰 자신감을 얻을 수 있었습니다. 내가 하는 수업이 괜찮은 수업이라는 자신감, 아이들과 즐거운 학급살이를 하고 있다는 안도감을 느낄 수 있었고요. 그리고 계속 인정받고 싶다는 욕구가 블로그를 계속 이어갈 수 있도록 해주었습니다. 반대로 제 댓글이 다른 블로거들의 욕구를 채워주기도 하고요.

방문자를 늘리기 위해 글의 내용과 상관없는 댓글을 '복붙'하는 블로거도 많습니다. 잠깐은 방문자 수를 늘리는 방법이지만 추천하지는 않습니다. 블로그 세계에서의 이웃은 아주 잠깐 스치는 인연은 아니기 때문입니다. 블로그에서 주고

받는 칭찬이 마음에서 우러나올 수 있도록 나와 결이 맞는 이웃들을 늘려 소통

해 보시기 바랍니다.

제안	자신이 운영하는 분야와 같은 블로그 글을 찾아 읽고 마음을 담아 댓글을 써보세요. 그리고 5명 이상의 블로그에 서로이웃 신청을 해보세요. ('책먹보심선생의 독서와 교실' 서로이웃 신청 환영합니다. ^^)

교사,
블로그를 하다.

2-12 블태기는 누구에게나 찾아옵니다

블로거에게는 입에 담고 싶지 않은 말이지만, 어쩔 수 없이 찾아오는 것이 있습니다. 바로 '블태기'입니다.

블태기는 블로그와 권태기를 합친 말입니다. 권태기가 '부부가 결혼한 뒤 어느 정도 시간이 지나 권태를 느끼는 시기'란 뜻이니, 블태기는 '블로그를 시작한 뒤 어느 정도 시간이 지나 권태를 느끼는 시기' 정도로 정의 내릴 수 있습니다. 어느 순간 블로그에 글을 쓰고, 이웃들과 소통하려는 마음이 시들해져서 게으름이나 싫증이 생기는 것이죠.

권태기는 누구에게나, 어떤 일에서든 찾아오기 쉽습니다. 권태기의 연관 검색어로 '회태기(회사+권태기)'나 '인태기(인생+권태기)'란 말이 같이 나오는 것을 보면, 블태기도 당연히 거쳐야 할 과정일 수도 있습니다. 그런데 블태기를 극복하는 것은 절대 쉽지 않습니다. 블태기 극복이 어려운 이유는 크게 두 가지입니다.

먼저 블로그가 여러분들에게 큰 부귀영화를 누리게 해주지 않기 때문입니다.

밥 벌어 먹고사는 일에 대한 권태로움은 인생에 중요한 결정을 하게 만듭니다. 하지만 블로그야 안 해도 그만인데 스트레스까지 받으며 할 필요는 없다고 생각할 수 있습니다. 블로그를 그만둔다고 해서 내 인생에 별다른 변화가 생기진 않습니다. 그렇기에 쉽게 블로그와 멀어질 수 있습니다.

두 번째는 슬럼프와 함께 오기 때문에 헤어 나오기가 쉽지 않습니다. 일단 글쓰기가 영 마음에 들지 않습니다. '내 글 구려병!'이라고도 표현하는데, 오래도록 블로그에 글을 올렸는데도 나아지는 것 같지 않은 것이죠. 결국 글쓰기가 싫어지는 현상으로 나아갑니다. 또한 오늘 수업한 내용이 블로그에 올릴 정도는 아닌 것 같다는 생각이 들기도 합니다. 교사 블로거로서의 자존감이 낮아지고, 교육과 관련한 글을 올리는 것이 꺼려지기까지 합니다. 심각한 블태기로 접어드는 것입니다. 이런 블태기를 잘 견뎌야 애써 만든 블로그 습관과 차곡차곡 쌓아 놓은 블로그 기록들을 오래도록 지킬 수 있습니다.

지금까지 블로그를 해오면서 블태기를 호소하는 이웃을 많이 봐왔습니다. 그중 상당수는 블로그에 새로운 글이 올라오지 않고 있어요. 물론 지금까지 꾸준히 블로그에 남아 있는 분들도 있습니다. 저 또한 블로그 시작 후 1년 정도가 지난 후에 블태기가 오는 것을 느낀 적이 있었어요. 다행히 저는 여러 방법으로 블로그에 대한 권태감을 극복하고 꾸준히 블로그에 남아 있는 쪽이 될 수 있었습니다.

가장 큰 힘이 된 것은 제 글을 읽은 분들의 반응이었습니다. 앞에서 이야기한 이웃들은 제가 블로그 활동을 하는 원동력이 되어 주었습니다. 그뿐만 아니라 블로그에 정리한 글을 교사 커뮤니티에 올리자, 여러 선생님이 힘이 되는 댓글들을 달아주시기도 했습니다.

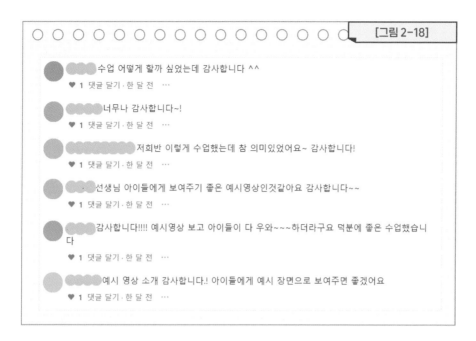

[그림 2-18]

●○○○ 수업 어떻게 할까 싶었는데 감사합니다 ^^
♥ 1 댓글 달기 · 한 달 전 …

●○○○ 너무나 감사합니다~!
♥ 1 댓글 달기 · 한 달 전 …

●○○○○○○ 저희반 이렇게 수업했는데 참 의미있었어요~ 감사합니다!
♥ 1 댓글 달기 · 한 달 전 …

●○○ 선생님 아이들에게 보여주기 좋은 예시영상인것같아요 감사합니다~~
♥ 1 댓글 달기 · 한 달 전 …

●○○○ 감사합니다!!!! 예시영상 보고 아이들이 다 우와~~~하더라구요 덕분에 좋은 수업했습니다
♥ 1 댓글 달기 · 한 달 전 …

●○○○○ 예시 영상 소개 감사합니다.! 아이들에게 예시 장면으로 보여주면 좋겠어요
♥ 1 댓글 달기 · 한 달 전 …

별것 아닌 것 같은 글인데도 좋은 반응과 응원을 해주시니 또 다른 수업 활동과 자료를 생각하려고 노력하게 됩니다. 그것이 새로운 블로그 글을 쓰게 만들어 주고요.

두 번째로 '공언'을 통해 스스로 약속을 만들기도 했습니다. 공언이란 여러 사람 앞에 명백하게 공개하여 말하는 것을 이야기합니다. 즉, 블로그를 보는 여러 사람에게 다음 글을 약속하는 것이죠.

2021년 진행한 '폰카시 프로젝트(시집 출간의 길)'는 블로그가 없었다면 성공하지 못했을 프로젝트입니다.

부크크 종이책 출판 승인 완료(폰카시 쓰기 프로젝트) | 심선생의 출판도전기   2021/12/08 07:44

안녕하세요. 책먹보 심선생입니다. 지난주 '부크크 종이책 출판 도전!' 소식을 알렸습니다^^ 자가 출판이기 때문에...

부크크 종이책 출판 도전!(폰카시 쓰기 프로젝트) | 심선생의 출판도전기   2021/12/03 15:47

드디어 '폰카시 쓰기 프로젝트'의 마지막 단계인, 출판... 제 페이지에 있는 반려 1건은 전자책 등록 시 수정을...

폰카시 쓰기 프로젝트(시집 출간의 길) - 12주차('작은 빛' 외) | 글쓰기교육   2021/11/30 16:03

멋진 스토리에 반전까지, 시인도 이 시간 지금까지 시... 00리 폰카시 쓰기 프로젝트를 잘 표현해 주는 시입니다...

폰가시 쓰기 프로젝트(시집 출간의 길) - 11주차('돌아온 뽁뽁이' 외) | 글쓰기교육   2021/11/15 20:11

폰카시 쓰기 프로젝트 11주차입니다. 이것저것 행사가... 모바일 거래로 통장 볼일이 별로 없는 요즘, 시 덕분에 옛...

프로젝트를 통해 12주간 아이들의 시를 정리해서 포스팅하고, 이 글을 바탕으로 종이책 출판까지 마무리할 수 있었습니다. 시를 쓴 아이들도 고생이었지만, 아이들 시를 정리하고 편집하여 출판하는 작업 역시 쉽지 않았습니다. 하지만 블로그를 통해 12주간 시를 쓰고 출판까지 완료하겠다는 공언을 꾸준히 한 덕분에 힘을 낼 수 있었습니다. 이 외에도 전자책 출판이나 다음 차시 수업도 공언을 통해 꾸준히 실행에 옮기고 있어요. 제 약속을 읽고 격려해주는 분들이 계셨기에 가능했던 일이고, 끊임없이 블로그를 할 수 있게 만들어 주었습니다.

마지막으로 광고 수익도 블태기를 벗어나는 데 도움을 주었습니다. 블로그 개설 시기나 게시글 등 일정 조건을 충족하면 블로그 글에 광고가 달리게 할 수 있습니다. 방문자나 광고를 클릭하는 수에 따라 매일 일정 금액이 적립되는 형식입니다. 광고가 달린 초창기에는 매일 찍히는 수익 통계에 재미가 들려 글을 쓰게 되었습니다. 나중에는 이 수익을 모아 학기말에 반 아이들에게 '블로그 출연료'라며 선물을 사주었습니다. 제 돈을 조금 보태기는 했지만, 괜히 뿌듯해지더군요.

물론, 굉장히 소소한 금액이지만 공무원이기에 겸직 신청을 해야 하는데요.

학교에 블로그 한다고 광고를 한 셈이니, 이것도 일종의 공언이 된 것이지요. 블로그를 통해 수익을 얻는다는 겸직까지 신청하니 책임감도 더해져 블로그에 신경을 조금 더 쓰게 되었습니다.

블태기를 극복하는 방법에 정답은 없을 겁니다. 사람마다 중요하다고 생각하는 것과 처한 상황이 모두 다르기 때문입니다. 제가 블태기를 극복한 원동력 세 가지를 소개했는데요. 여러분들에게는 적용이 되지 않을 수도 있습니다. 다른 원동력을 찾기 어려울 수도 있습니다. 그럴 땐 여러분의 루틴을 믿으시기를 바랍니다. 권태감과 슬럼프라는 적들이 내면에 휘몰아치더라도 외적으로는 나만의 블로그 루틴을 지켜나가는 거예요. 글이 짧을 수도, 내용이 마음에 들지 않을 수도 있습니다. 그렇더라도 평온하게 블로그의 일상을 이어나가는 겁니다. 그러다 보면 어느새 쌓여있는 기록들이 여러분의 블로그를 더욱 단단하게 만들어 줄 것입니다.

블태기는 누구에게나 찾아옵니다. 그리고 누구나 벗어날 수 있습니다.

> **제안** 블태기에 빠졌다면 그동안 남겨진 댓글을 살펴보세요.
> 그리고 새로운 프로젝트를 공언해 보세요.
> 여러분의 글을 기다리는 분들이 많다는 걸 깨닫길 바랍니다.
> (하지만 이번 제안은 실천할 필요가 없길 바랍니다.)

2-13 서평단의 매력

앞에서 블로그 루틴 만들기나 블태기를 극복하는 방법에 대해 정리해 봤습니다. 그중 하나가 일종의 '마감'을 설정하는 방법이었어요. 블로그 루틴을 만들면서 '몇 시까지는 블로그 글쓰기를 마무리한다'라는 종료 시각을 정하는 것이죠. 물론, 혼자만의 약속을 지킨다는 것이 쉽지는 않습니다. 모두 '작심삼일'을 경험해 보셨을 거예요.

이럴 때 도움을 받을 수 있는 것이 '서평단' 활동입니다.

'서평'이란 책에 대해 평가하는 것을 이야기합니다. 흔히 '독후감'과 헷갈리는 경우가 많지만, 엄밀하게 따지면 많은 차이가 있습니다. 어릴 때 많이 쓰던 '독후감'은 줄거리를 요약하고 개인적인 감상을 적는 글이라고 할 수 있습니다. 반면에 '서평'은 개인적인 감상을 빼고, 책의 특징에 대해 논리적으로 분석하여 책 전체에 대한 총체적인 평가를 하는 글이라고 볼 수 있습니다. 이렇게 '서평단'의 정의를 보면 그 무게가 엄청나 보입니다.

그런데 요즘 이 서평을 책의 홍보에 활용하는 경우가 많아졌습니다. 출판사에서 책을 무료로 제공하고, 그 대가로 온라인에 서평을 올리게 하는 겁니다. 그리고 이런 서평을 올리는 사람들을 '서평단'이라고 부르는 것이죠.

책에 대한 총체적인 평가를 하되, 그 기준이 굳이 논리적일 필요가 없다는 것입니다. 나의 주관적인 견해, 개인적인 감상을 통해 책을 평가해도 블로그의 세계에서는 훌륭한 서평이 되는 것이죠. 우린 학술적으로 서평을 다루는 것이 아니니까요. 서평이든, 리뷰든, 독후감이든 책을 읽고 그에 대한 글을 적으면 모두 서평이라고 할 수 있다는 겁니다. 부담을 가질 필요가 전혀 없습니다.

그래서인지 블로그를 하다 보면 '서평단 모집' 글을 상당히 많이 볼 수 있습니다.

[그림 2-20]

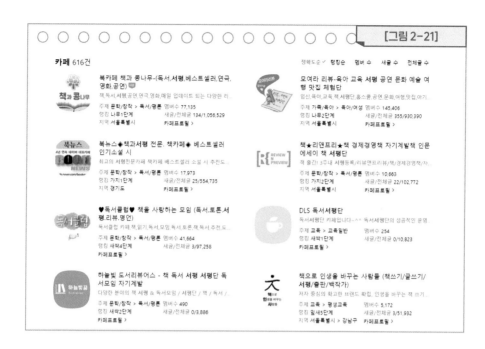

[그림 2-21]

출판사와 서평단을 이어주는 창구 역할을 하는 카페도 쉽게 찾을 수 있습니다.

출판사 입장에서는 출간한 책의 입소문을 낼 수 있고, 서평단의 입장에서는 마음에 드는 책을 공짜로 볼 수 있다는 장점이 있습니다. 그리고 블로거의 입장에서는 하나의 '마감'이 생긴다는 장점이 추가됩니다.

서평단 활동은 주로 책을 받은 뒤 2주 안에 서평을 올리는 것으로 마감이 설정됩니다. 자신의 블로그와 인터넷 서점에 서평을 올려야 합니다. 만약 이 마감을 지키지 못한다면 다음 서평단 선정에 제한이 생기는 등의 패널티가 생깁니다. 블로그에 글을 쓸 수밖에 없는 겁니다.

저는 그래서 주로 교육 관련 도서의 서평단에 많이 참여했습니다. 제가 좋아하는 책들이야 이런 마감이 없어도 읽게 되고, 자연스럽게 서평으로 이어질 확률도 높아집니다. 하지만 조금은 어렵고 딱딱한 교육 관련 도서의 경우 다 읽는 것은 물론 서평을 쓰기도 쉽지 않습니다. 이럴 땐 서평단이라는 책임감과 마감이 책도 읽고 글도 쓰게 만드는 원동력이 되기도 합니다.

단, 교사의 경우 '서평단'을 겸직 위반으로 해석할 수도 있습니다. '서평'이라는 대가로 '책'을 받은 셈이니까요. 하지만 과도하게 많은 책을 받거나, 책이 아닌 다른 금전적인 대가를 받는 경우가 아니라면 상식적인 선에서의 서평단 참여는 문제가 없다고 합니다. 그래서 저는 한 달에 한두 번 정도 서평단 모집에 신청하고 있습니다. 물론 제가 신청한 서평단에 모두 선정되는 것은 아니기에 매달 편차가 있는 편입니다.

신청한 모든 책이 재미있는 것은 아닙니다. 서평 쓰는 것이 힘든 경우도 있습니다. 하지만 이런 경우 또한 글쓰기에는 도움이 됩니다. 책의 좋은 부분을 찾으려 노력하고, 작가가 무슨 말을 하고 싶은지 더욱 주의 깊게 살피며 책의 내용과 내 삶을 연결하려다 보면 좋은 글쓰기에 한 걸음 더 다가가고 있음을 느낍니다. 물론, 책이 별로라면 그것 나름대로 솔직하게 글을 씁니다. 출판사에서 '서평'을 써달라고 부탁한 것이지, '책 홍보'를 써달라고 한 건 아니니까요.

가끔 '마감'의 압박을 받기도 하지만, 그래도 서평단 덕분에 다양한 책을 읽고 블로그에 기록을 남길 수 있게 되었습니다. 한 달에 한두 번 정도는 서평단에 도전하여 블로그에 새로운 활력소를 만들어 보세요.

> **제안** 서평단에 도전해 보세요. 시작은 가벼운 동화책(청소년 문학책)으로 하는 것을 추천합니다. 그림책도 좋고요. 떨어져도 상심하진 마세요.
> 서평단 모집은 많이 있으니까요.

※ 겸직 위반이 신경 쓰인다면 서평단 신청 대신 도서관에서 책을 빌려 읽은 후 서평을 써도 좋습니다. 그 또한 나름대로 '마감'이 정해지는 글쓰기 방법이니까요!

2-14 교사 블로거의 서평 쓰는 법

서울대학교 글쓰기 담당 교수로 재직 중인 나민애 교수는 저서 〈책 읽고 글쓰기〉에서 '서평이라고 다 같은 서평은 아니다'라고 말합니다.

> 큰 카테고리에서는 모두 다 '서평'이지만, 디테일은 조금씩 다르다. 이 중
> 에 당신이 쓰고 싶은, 혹은 써야만 하는 서평이 있다. 그것부터 정하고 가
> 자. 그 많은 서평 중에 무엇이 '나의 서평'인가. 목표가 구체적이어야, 방법
> 도 구체적일 수 있다.

그렇다면 교사 블로거의 서평은 어떤 목표를 잡아야 할까요?

교사 블로거의 서평이라면 당연히 교실과 관련한 서평을 쓰는 것이 유리하다고 생각합니다. 아무나 쓸 수 없는 서평일 테니까요. 꾸준히 쓴다면 앞에서 계속 이야기한 대로 '꽤 괜찮은 교사'가 되는데 큰 밑거름이 될 것입니다.

저 같은 경우에는 크게 '그림책', '동화책', '교육 관련 도서' 이렇게 세 종류의 서

평을 블로그에 자주 올리는 편입니다.

그림책과 동화책을 읽으면서는 어떻게 수업, 교실과 연관시킬지 고민합니다. 계기 교육이나 교과와 연계하면 좋을 것 같다는 내용을 메모하는 것이죠. 그림책을 수업에 적용할 수 있는지 평가하는 서평이 완성되는 겁니다.

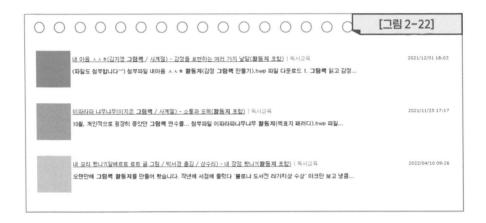

그리고 수업에 활용하기 좋은 책이라면 활동지나 수업 계획도 함께 만들어 게시합니다.

[그림 2-23]

한 학기 한 권 읽기 수업계획

4-6학년

책 제목	로봇 벌 알파
글 /그림	글: 이글희, 그림: 최정인
차시	11차시(국어 독서 단원, 이야기 바꿔 쓰기 / 실과 코딩 등 연계)
학습목표	인물의 행동이나 말을 통해 인물이 추구하는 가치를 찾을 수 있다.

단계	차시	교수·학습 활동
읽기 전	1	벌 찾기 놀이
읽기 전	2	책표지 탐구, 책에 나올 것 같은 낱말 예상하기(빙고 놀이)
읽기 중	3	7-26쪽 읽기 꿀벌이 사라진다면 어떤 일이 벌어질지 예상해보기 책을 읽고 궁금한 점 묻고 답하기
읽기 중	4	27-62쪽 읽기 등장인물의 특징 파악하기 핫시팅 토론
읽기 중	5	63-96쪽 읽기 꽃 이름 따서 이름 짓기
읽기 중	6-7	97-133쪽 읽기 꿀벌의 언어 배우고 꿀벌처럼 소통해보기 꿀벌들이 추구하는 삶 파악하기
읽기 중	8-9	134-161쪽 읽기 꿀벌의 이사 코딩 놀이 등장인물 관계도 그리기
읽기 후	10	가치수직선 독서토론
읽기 후	11	이야기 바꿔 쓰기

 서평을 쓰는 것과 동시에 나만의 수업 자료까지 쌓을 수 있는 셈입니다. 이런 활동 자료로 진행한 수업 후기까지 블로그에 게시한다면, 오로지 아이들을 가르치는 사람들만 쓸 수 있는 서평이 완성되는 겁니다.

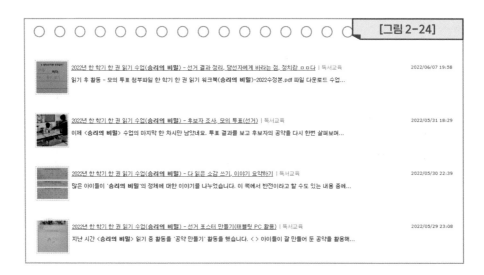

그림책과 동화책 서평이 책과 교실을 연결시키는 거라면, 교육 관련 도서 서평은 나와 교실을 더 가깝게 이어주는 역할을 합니다.

요즘 참 많은 선생님이 좋은 책을 쓰고 계십니다. 그러다 보니 조금만 관심을 가지면 교사로서의 전문성을 기르는 데 도움이 되는 책을 찾기가 쉬워졌어요. 이런 책들을 교실 책상 책꽂이나 캐비닛에 묵히기보다 포스팅으로 정리한다면 훌륭한 자산이 될 것입니다.

교사는 교육과정 전문가라는 당연한 명제를 확인할 수 있었던 박진수 선생님의 〈왜 교사 수준 교육과정인가〉, 그림책 수업에 관심을 갖게 만들어 준 이현아 선생님의 〈그림책 한 권의 힘〉, 늘 어렵게만 느껴지던 토론 수업을 조금 더 쉽게 접근할 수 있게 해준 그림책사랑교사모임의 〈그림책 토론〉은 아직도 가끔 제 서평을 읽어 봅니다. 책을 다시 꺼내 보기가 힘들 때 서평으로 책의 내용을 되살려 보는 것이죠. 이 서평들은 글 조회수도 꽤 높게 나오는 편이니 다른 선생님들도 꽤 관심을 보였던 모양입니다.

꼭 교사가 쓴 책이 아니더라도 저와 제 교실을 잇는 데 많은 도움이 된 책들도 많습니다. 폰카시 프로젝트를 완성하는 데 밑거름이 된 김미희 작가의 〈폰카 시가 되다〉, 경제 관련 내용을 공부하며 읽은 위즈덤하우스의 〈세상에서 가장 빠른 돈 공부〉, 블로그 글쓰기에 도움을 받았던 신은영 작가의 〈이젠 블로그로 책 쓰기다〉와 같은 책들은 서평단으로 만나 제 삶에 많은 영향을 끼친 책들입니다.

여러분들도 블로그 서평 쓰기에 도전해보시기 바랍니다. 꼭 교육과 관련된 것이 아니어도 좋습니다. 오히려 내가 좋아하는 장르의 책들을 읽고 블로그에 기록을 남기는 것으로 시작해도 괜찮습니다. 내 인생에 위대한 스승이 될 수 있는 책을 언제, 어떻게 만날지 모르는 일이니까요.

지금 읽고 계시는 이 책이 위대한 스승은 아닐지라도, 여러분의 인생에 어떤 계기가 되었으면 좋겠습니다.

> **제안** 서평을 써보세요. 시작은 가벼운 동화책(청소년 문학책)으로 하는 것을 추천합니다. 그림책도 좋고요. 단, 교육, 교실과 접목할 수 있는 내용을 넣어 보시기 바랍니다.

교사,
블로그를 하다.

2-15 겸직 허가 신청해야 할까요?

블로그를 통해 얻을 수 있는 수익은 다양합니다. 일단 블로그 글에 노출되는 광고(애드포스트, 애드센스 등) 수익이 있고, 체험단, 기자단 활동을 통해 원고료도 받을 수 있습니다. 블로그 성격에 따라 수백만 원 상당의 여행권이나 가전제품을 협찬받기도 합니다. 블로거에 따라 이런 수익이 어지간한 월급만큼 되는 경우도 많습니다.

교사는 국가공무원법 제64조(공무원은 공무 외에 영리를 목적으로 하는 업무에 종사하지 못하며 소속 기관장의 허가 없이 다른 직무를 겸할 수 없다.)에 의해 영리 업무 및 겸직을 할 수 없습니다.

하지만 최근 교사의 유튜브 활동이 크게 늘어나면서 유튜브 활동에 대한 지침이 생겼고, 블로그 활동도 유튜브 기준에 준해서 겸직 허가를 내주고 있습니다. 물론, 블로그를 통한 광고 수익 외에 협찬을 통해 상품, 금전적 대가를 받고 후기를 적는 것은 금지됩니다. 또한 블로그 내용이 공무원으로서 부적절한 내용

또는 정책수행 등에 반하는 경우에도 겸직 허가를 받을 수 없습니다. 오로지 '직무'와 '취미생활'과 관련한 글에 붙는 광고 수익이 계속적으로 발생할 경우에만 겸직 허가를 받을 수 있는 겁니다.

이런 것이 복잡하다면 '겸직 신청'을 하지 않으면 됩니다. 블로그든, 유튜브든 원하지 않으면 수익을 받지 않을 수 있습니다. 광고 노출을 하지 않으면 되니까요.

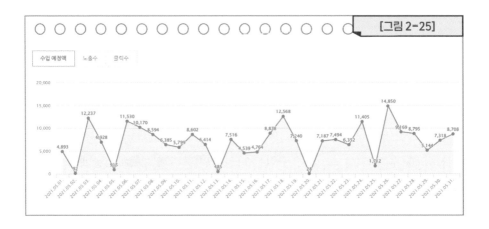

[그림 2-25]

그럼에도 많은 교사들이 '겸직 신청'을 올리고 수익 창출을 하고 있습니다. 조금 귀찮아도 합법적으로 부수입을 얻을 수 있기 때문입니다.

수익이 들쭉날쭉하기는 하지만 하루에 만 원이 넘는 돈이 광고 수익으로 들어온 적도 있었습니다. 평균적으로 한달에 20만 원(세전)의 수익이 들어온 것이죠.

큰돈은 아닐 수도 있지만, 초창기 블로그에 대한 재미를 느끼는 데 적지 않은 도움이 되었습니다. 글을 쓰고 안 쓰고에 따라 광고 수익이 달라지니, 글을 쓰는 동기유발이 될 때도 있었습니다.

혹은 광고 수익을 모아 학생들에게 선물을 사주기도 했습니다.

사실 아이들 수업 모습과 결과물이 제 블로그 글의 절반 이상을 차지하고 있

[그림 2-26]

이건 제가 주는 선물입니다.

1년 동안 고생한 아이들에게 주는 졸업 선물 겸, 블로그 모델로 활동한 것에 대한 보상이랄까요?

습니다. 블로그 수익으로 선물을 샀다고 이야기하니 아이들의 수업 참여도나 블로그에 관한 관심이 커지는 것을 느낄 수 있었습니다. 이런 관심이 블로그에 더 애정을 쏟는 원천이 되기도 하고요.

물론 정해진 업무시간 중에 사적인 블로그를 운영하거나, 사회적 물의를 일으킬 수 있는 블로그를 운영하면 안 되겠습니다. 하지만 누구나 자신의 취미나 직무를 활용해 자유롭게 글을 쓰고, 부차적으로 따르는 광고 수익을 얻는 것이 나쁜 것만은 아니라고 생각합니다.

블로그 활동을 위한 내적인 동기도 중요하지만, 외적인 동기도 어느 정도 필요하니까요.

실제로 '블로그 겸직'이란 검색어를 입력하면 꽤 많은 글을 볼 수 있습니다. 참고하여 겸직 허가를 받으신 후 블로그 운영 수익을 확인하며 소소한 즐거움을 누려 보시기 바랍니다.

[그림 2-27]

N 블로그 겸직

통합 VIEW 이미지 지식iN 인플루언서 동영상 쇼핑 뉴스 어학사전 지도 ⋯

슬기로운 교사생활 2022.01.29.

교사 블로그, 유튜브 겸직허가 신청 후기(2022년 1월)
신청서 작성 「국가공무원 복무·징계 관련 예규」에는 겸직허가 관련하여 <붙임1> 서식을 통해 작성하라고 되어있지만, 이는 외부강의 신청용으로 블로그 및 유튜브...

#교사유튜브   #교사블로그   #교사겸직   #공무원겸직   #공무원겸직허가

맛있는 블로그 2021.05.04.

다시 블로그 시작하려고 겸직신청, 퇴근 후엔 나에게 집중
나도 블로그를 예전처럼 열심히(?) 해보려고 겸직 신청을 했다. 블로그를 다시 시작하려고 마음을 먹은 이유는... 그럼에도 불구하고, 공무원, 공직자 등 중에서 블로그...

백작 (白作) 독서교육 2022.03.11.

블로그 활동 겸직허가, 겸직심사위원회 개최 준비
2021년 11월 23일 공문에 의하면 블로그 활동 애드포스트 광고 수익이 있는 경우 겸직심사위원회 개최를 해야 합니다. 저는 작년 3월 중에 겸직 허가를 처음 받았...

교육공무원 교사 블로그 겸직허가 승인 통보, 겸직심사위원회 회의록 (캠퍼큐...
블로그 애드포스트 "교원 겸직 허가" 신청 내부결재 올렸습니다^^

하니님의 블로그 2022.06.08.

중등교사의 네이버 블로그가 수익 창출이 시작될 때(겸직허가받기)
사람) 블로그로 겸직허가를 내실거라면 이 서식으로 하셔야합니다! 서식은 변경 가능하니 상황에 맞게 수정하시면 됩니다. 초상권은 유튜브 때문에 있는 것 같은데...

#교사겸직허가   #교사블로그수익

꿈빛 2022.02.10.

[업무 상식] 교원 인터넷 개인 미디어 활동 지침, 교사가 블로그를...
교육부 블로그 자신이 겸직 허가 대상이라면 겸직 신청을 해야 되요~ 하나씩 좀 더 자세히 알려드릴게요~ 출처 : 교육부 블로그 학생이나 학부모, 동료 선생님이 등...

※ 유튜브 관련 복무 지침 공문에는 학생들에게 '개인정보'와 '초상권' 제공 동의서를 받는 것도 강조하고 있습니다. 영상에서 학생들의 얼굴이 노출되는 경우가 많았기 때문입니다. 블로그 글의 경우 모자이크 처리나 사진 편집이 쉬운 편이지만, 혹시 모를 문제를 대비해 학기초에 미리 학생들에게 동의서를 받아두는 것이 좋습니다. 수업과 관련한 글을 쓰는 경우 학생들의 작품이나 모습이 노출될 수 있기 때문입니다. 이 점 참고하시며 블로그 활동을 준비하시기 바랍니다.

> **제안** 제안을 잘 실천하셨다면 블로그에 '광고' 신청이 가능해지셨을 겁니다. 일단 신청을 해보세요. 승인이 난다면 여러분의 블로그가 일정한 궤도에 올랐다는 뜻이기도 합니다. 승인 이후에 광고 삽입, 겸직 신청 여부를 선택하셔도 늦지 않습니다.

교사,
블로그를 하다.

블로그와
교실을 잇다

BLOG

PART 3

블로그와 교실을 잇다

3-1 아이들이 블로그를 검색해요

코로나 원격수업 초창기, 쌍방향 수업 운영에 문제가 있어서 제 블로그에 과제를 올리기 시작했습니다. 요즘 학생들 컴퓨터에는 워드 프로그램이 깔려 있지 않은 경우도 많습니다. 컴퓨터 없이 패드나 스마트폰으로 수업에 참여하기도 했고요. 가정에서는 한글 문서를 보거나 편집하는 것이 힘든 상황이었죠.

[그림 3-1]

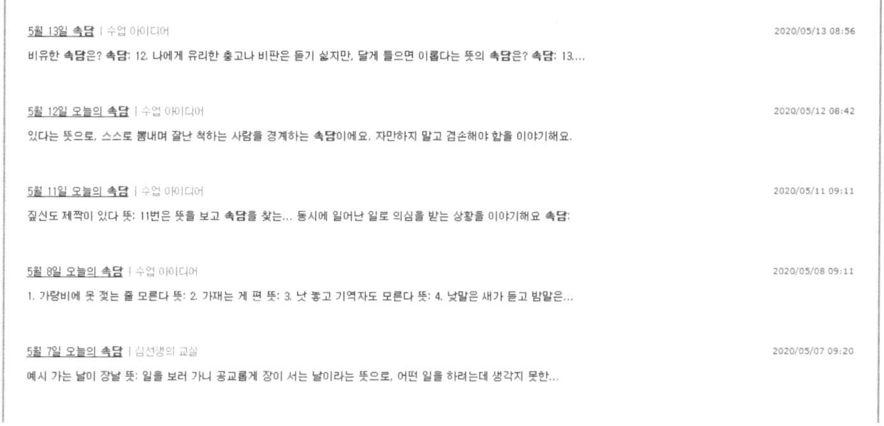

5월 13일 **속담** | 수업 아이디어   2020/05/13 08:56

비유한 **속담**은? **속담**: 12. 나에게 유리한 충고나 비판은 듣기 싫지만, 달게 들으면 이롭다는 뜻의 **속담**은? **속담**: 13...

5월 12일 오늘의 **속담** | 수업 아이디어   2020/05/12 08:42

있다는 뜻으로, 스스로 뽐내며 잘난 척하는 사람을 경계하는 **속담**이에요. 자만하지 말고 겸손해야 함을 이야기해요.

5월 11일 오늘의 **속담** | 수업 아이디어   2020/05/11 09:11

짚신도 제짝이 있다 뜻: 11번은 뜻을 보고 **속담**을 찾는... 동시에 일어난 일로 의심을 받는 상황를 이야기해요 **속담**:

5월 8일 오늘의 **속담** | 수업 아이디어   2020/05/08 09:11

1. 가랑비에 옷 젖는 줄 모른다 뜻: 2. 가재는 게 편 뜻: 3. 낫 놓고 기역자도 모른다 뜻: 4. 낮말은 새가 듣고 밤말은...

5월 7일 오늘의 **속담** | 심선생의 교실   2020/05/07 09:20

예시 가는 날이 장날 뜻: 일을 보러 가니 공교롭게 장이 서는 날이라는 뜻으로, 어떤 일을 하려는데 생각지 못한...

5월 7일 오늘의 속담

책먹보심선생 2020. 5. 7. 9:20   URL 복사 ⌕ 통계 ⋮

예시
가는 날이 장날
뜻: 일을 보러 가니 공교롭게 장이 서는 날이라는 뜻으로, 어떤 일을 하려는데 생각지 못한 일이 생기는 상황을 비유한 말.

1. 가는 말이 고와야 오는 말이 곱다
뜻:

2. 남의 손의 떡은 커 보인다
뜻:

3. 남의 잔치에 감 놓아라 배 놓아라 한다
뜻:

4. 마른하늘에 날벼락이다
뜻:

그래서 접근이 편하게 블로그 링크를 보내주면 아이들이 살펴보고 저에게 다시 보내는 방법으로 과제를 해결하도록 했습니다. 그러다보니 제가 블로그 링크를 보내주지 않아도 혹시 과제와 관련된 내용이 있을까 제 블로그를 기웃거리는 아이들이 생기더라고요. 우리반 아이들뿐만이 아니었습니다.

[그림 3-2]

6학년 2학기 국어 2단원 '관용표현을 활용해요' 관용... 📄 게시물 보기   📥 다운로드

2020.10.05. 15:10 작성

⏱ 실시간 2024.03.21. 기준

누적 조회수	누적 공감수	누적 댓글수
8,467	**75**	**49**

ⓢ 유입경로		〈 상세 유입경로	
네이버 통합검색_모바일	48.0%	국어 관용표현 모음	2.1%
다음 통합검색_모바일	29.9%	6학년 관용표현	1.5%
네이버 통합검색_PC	14.4%	6학년 국어 관용표현	1.0%
다음 통합검색_PC	3.0%	엄청 기다리다 관용표현	0.9%
Nate 검색_모바일	1.1%	6학년 관용	0.5%
네이버 웹문서검색_모바일	0.9%	손을 뻗치다 관용 표현을 활용하거나 들은 ...	0.5%
Zum	0.7%	관용표현 활동	0.5%
네이버 블로그_PC	0.4%	국어관용표현 모음	0.5%
link.naver.com	0.3%	들온 기억이 있다 관용표현	0.5%
네이버 블로그_모바일	0.3%	6학년 관용표현 모음	0.4%
cls12.edunet.net	0.2%	여러 사람이 같은 의견를 말한다 관용표현	0.4%
Facebook	0.2%	초등6학년 관용표현	0.4%
다음 블로그검색_PC	0.1%	한국 관용표현 모음	0.4%
다음 블로그검색_모바일	0.1%	엄청기다리다 관용표현	0.3%
다음 이미지검색_PC	0.1%	6학년 관용적 표현	0.3%
Nate 검색_PC	0.1%	6학년 국어 교과서 관용표현	0.3%
네이버 뷰검색_모바일	0.1%	6학년국어 관용표현	0.3%
카카오	0.1%	관용 표현 어떤 것을 헤프게 쓰다	0.3%
		관용표현 활용	0.3%
		두드러지게 드러나다 관용표현	0.3%

원격 수업에 참여하는 것으로 보이는 많은 학생들이 검색을 통해 제 블로그에 방문하기도 했습니다. 선생님께서 직접 링크를 보여주시기도 하고요. 우리반 아이들뿐만 아니라 많은 아이들에게 조금이라도 도움이 되었다는 생각에 뿌듯했던 기억이 있어요.

또 한편으로는 아이들에게 예시 작품을 보여줄 때도 활용하기 좋습니다. 같은 학년을 계속하거나, 미술 수업의 경우 같은 활동을 2년 연속으로 할 때도 있습니다. 그럴 때 작년 아이들의 결과물은 좋은 예시 작품이 될 수 있습니다.

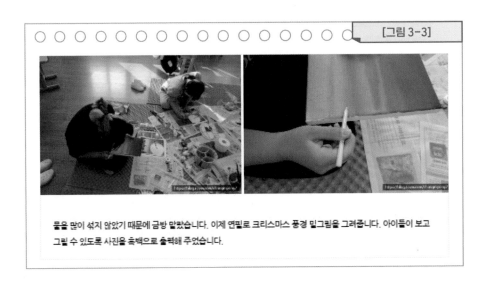

[그림 3-3]

물을 많이 섞지 않았기 때문에 금방 말랐습니다. 이제 연필로 크리스마스 풍경 밑그림을 그려줍니다. 아이들이 보고 그릴 수 있도록 사진을 흑백으로 출력해 주었습니다.

2년 연속으로 캔버스에 야경 그림 그리기 활동을 했었는데, 그 과정과 결과물을 잘 정리해 놓으니 다음 해에 요긴하게 쓸 수 있었어요.

슬라이드를 잘 만들지도, 보관하지도 못하는 저에겐 블로그 그 자체가 훌륭한 수업 자료가 되기도 합니다. 아이들은 선생님이 가르쳤던 학생들이 만든 예시 작품을 보고 나도 할 수 있다는 자신감을 얻기도 하고요.

교실을 옮길 때마다, 혹은 컴퓨터를 바꿀 때마다 자료 백업에 어려움을 겪는 저 같은 분들은 꼭 블로그를 활용해 보세요. 나만의 창고가 아니라 아이들이 찾아오는 보물창고로 성장할 수 있습니다.

교사,
블로그를 하다.

3-2 1일 1수업 후기에 도전하세요

저는 교생 실습 지도 학교에 근무 중입니다. 최근에 교대 4학년들이 한 달간 교생 실습을 받고 갔고요. 교생 선생님들은 하루에 한 시간의 수업을 배정받습니다. 그런데 그 한 시간의 수업을 위해 새벽까지 준비하더라고요. 멋진 활동 아이디어, 깔끔한 활동지 등 교생 선생님들의 수업을 보며 반성을 하기도 했습니다.

교사들이 하루에 준비해야 하는 수업 시간은 꽤 많습니다. 초등학교 6학년 담임의 경우 전담 수업이 없다면 하루에만 6시간의 수업을 해야 할 수도 있습니다. 그것도 모두 다른 과목으로 말이죠. 교생 선생님들처럼 수업을 준비하다가는 밤을 꼴딱 새우고 출근해야 할 수도 있습니다. 그런 컨디션으로는 아무리 멋진 수업을 준비했어도 아이들에게 제대로 전달할 수 없을 겁니다.

물론, 변명일 수도 있습니다. 직접 자료를 제작하시며 치밀한 준비로 하루 수업을 기발하고 멋지게 꾸미는 능력자 선생님들도 많으니까요. 그런 능력자가 아닌 저는 선생님들이 공유해 주신 수업 자료를 활용해 수업하는 것도 벅찼던 것이 사실입니다. 하지만 블로그를 만나고, 1일 1수업 후기에 도전하면서 많은 변화가 생겼습니다.

1일 1수업 후기의 시작은 '하루에 한 시간이라도 남에게 보여줘도 부끄럽지 않은 수업을 하자'라는 마음이었습니다. 이왕 블로그에 글을 쓰는데 수업 후기를 적는다면 많은 도움이 될 것이란 생각이었죠.

[그림 3-4]

어제 책놀이는 등장인물을 이름을 이용한 낱말 만들기입니다. 학급놀이 중 새로 만난 친구들 이름을 익힐 때 좋은 놀이인데, 책놀이에 적용해 보았습니다.

2명 불참으로 인해 생각보다 낱말 수가 빈약하지만 꽤 많은 낱말들을 만들었습니다.

특히 '용철'이란 낱말은 저도 뜻을 찾아봤을 정도로 새로운 낱말이라 놀랐습니다.

처음엔 그냥 아무 낱말이나 얘기한 줄 알고 뜻을 물어봤더니...

역시나 시작은 온라인 수업에 적용한 책놀이 후기였습니다. 전체적인 수업 흐름과 수업 결과물, 그리고 아이들 반응을 꼼꼼하게 적었습니다.

[그림 3-5]

○ ○ ○ ○ ○ ○ ○ ○ ○ ○ ○ ○ ○ ○ ○

○○초등학교 6학년이 키운 상추 나눕니다.

안녕하세요. 춘천 관내 초등학교 6학년 담임을 맡고 있는 입주민입니다.

얼마 전 직접 기른 상추를 나누신 이웃님과 봉지에 남겨져 있던 감사 메모가 인상적이라 반 아이들과도 상추 나누기를 계획했습니다.

필요하신만큼 가져가 주세요.

학교 텃밭에서 키우고, 오늘 아이들이 직접 수확한 싱싱한 상추입니다.(오전에 비가 와서 물기가 있습니다. 깨끗이 씻어 드세요.)

맛있게 식사하시길 바랍니다^^

학교 텃밭 상추를 수확해서 이웃과 나눔을 하는 모습을 블로그에 올리기도 했습니다.

1일 1수업 후기를 정리하기 시작하니 자연스레 수업 준비에 조금 더 신경을 쓰게 되었습니다. 블로그에 공개하는 것이긴 하지만 일종의 '공개 수업'이라고 생각하며 준비하기 시작한 겁니다. 그러다 보니 수업 자료를 제작하는 경우가 많아졌습니다. 다른 선생님들의 자료를 그대로 가져다 쓰는 소비자에서 생산자로 조금씩 변화하기 시작한 것이죠.

또한, 1일 1수업 후기 글을 쓰다 보니 내 수업에 대한 반성을 할 수 있었습니다. 사실 하루 수업이 끝나면 또 다음날 수업 준비를 하느라 바쁩니다. 수업에 대한 복기가 쉽지만은 않습니다. 그런데 수업 모습을 정리하다 보니 자연스럽게 어떤 점이 좋았고, 아쉬웠는지 눈에 들어오기 시작했어요. 아이들의 수업 결과물을 조금 더 자세히 살펴볼 수도 있었고요. 수업 시간에는 알 수 없었던 걸 블로그를 통해 느끼게 된 겁니다. 그리고 이런 점들이 다음 수업에 긍정적인 영향을 끼치게 되었고요.

무엇보다 1일 1수업 후기의 가장 큰 장점은 수업 사진을 많이 찍게 되었다는 겁니다.

[그림 3-7]

사진을 워낙 못 찍는 사람이라 스마트폰 앨범이 텅텅 비어있는 경우가 많았습니다. 그런데 요즘은 수업 중 아이들이 활동하고 있을 때는 물론 쉬는 시간에도 사진을 찍는 것이 일상이 되었습니다. 그리고 그 사진들이 블로그에 기록되고, 추억으로 남겨지고 있습니다.

블로그를 하며 잘한 일을 고른다면 '1일 1수업 후기 도전'이 세 손가락 안에 뽑히지 않을까 싶습니다. 1일 1포스팅 습관도 기를 수 있었고, 수업에 대한 자신감도 향상되었거든요. 그리고 무엇보다 4년 동안 쌓인 아이들과의 수업 기록이 차곡차곡 쌓여가고 있다는 것이 가장 좋습니다.

모든 수업, 모든 시간을 정리할 수 있다면 더욱 좋겠지만, 일단은 1일 1수업 후기부터 도전해 보시길 바랍니다. 당연히 수업 후기를 매일 올리지 못할 수도 있습니다. 그래도 그 마음을 갖는 순간부터 블로그에는 생동감이 더해지고, 수업에는 큰 변화가 생길 것입니다.

피드백은 블로그에서

블로그에 글을 쓰기 시작하면서, 학급 특색 교육으로 글쓰기를 많이 시도하고 있습니다. 사자성어 사행시, 폰카시, 이미지 카드 글쓰기 등 다양한 글쓰기 방법을 적용하고 있는데요. 블로그가 아이들 작품을 피드백하는 공간이 되기도 했습니다.

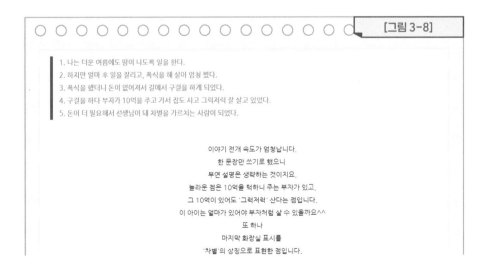

[그림 3-8]

1. 나는 더운 여름에도 땀이 나도록 일을 한다.
2. 하지만 얼마 후 일을 잘리고, 폭식을 해 살이 엄청 쪘다.
3. 폭식을 했더니 돈이 없어져서 길에서 구걸을 하게 되었다.
4. 구걸을 하다 부자가 10억을 주고 가서 집도 사고 그럭저럭 잘 살고 있었다.
5. 돈이 더 필요해서 선생님이 돼 차별을 가르치는 사람이 되었다.

이야기 전개 속도가 엄청납니다.
한 문장만 쓰기로 했으니
부연 설명은 생략하는 것이지요.
놀라운 점은 10억을 턱하니 주는 부자가 있고,
그 10억이 있어도 '그럭저럭' 산다는 점입니다.
이 아이는 얼마가 있어야 부자처럼 살 수 있을까요^^
또 하나
마지막 화장실 표시를
'차별'의 상징으로 표현한 점입니다.

아이들 글을 블로그에 정리하고 간단한 코멘트를 해주는 식입니다. 아무래도 교실에서 여러 명의 글을 읽고 하나하나 자세히 읽기에는 시간이 부족할 때가 많습니다. 그러다 그냥 넘어가기도 하고요. 그런데 블로그에 아이들 글을 입력하며 다시 읽어보면 해줄 말이 많다는 걸 느낍니다. 그리고 바로 다음 날 얘기해주거나 글쓰기 수업 전 블로그 글을 한 번 읽어보고 전체적으로 지도를 하기도 해요. 소규모 학급의 경우에는 블로그 링크를 직접 보내주기도 하고요. 자연스레 글쓰기 지도가 강화되는 것이죠.

아이들은 교사가 자신이 쓴 글을 꼼꼼하게 읽는다는 것에 또 다른 동기유발이 되기도 합니다. 그리고 교사의 피드백을 다음 글쓰기에 적용하기도 하고요.

블로그에 아이들 작품에 대한 피드백을 올리고 아이들에게 링크를 보내주면, 아이들이 제 이웃들의 반응을 직접 볼 수 있다는 장점이 있습니다.

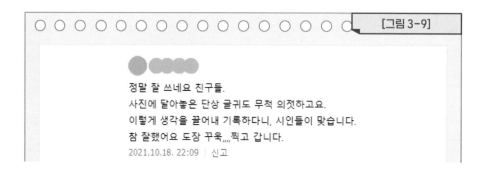

[그림 3-9]

정말 잘 쓰네요 친구들.
사진에 달아놓은 단상 글귀도 무척 의젓하고요.
이렇게 생각을 끌어내 기록하다니, 시인들이 맞습니다.
참 잘했어요 도장 꾸욱,,,,찍고 갑니다.
2021.10.18. 22:09 | 신고

와 진짜 아이들 넘 창의적이에요 ㅋㅋ 물줄기부터 시작해서 퓩퓩 다이너마이트 휴대폰충전기 와이파이 안되는거까지.. 어떻게 저런 생각까지 할 수 있는지 신기하네요 ㅎㅎ 머리를 짜내느라 힘들었어도 아이들에게 즐거운 시간 되었을거 같아요

2021.8.27. 22:43 신고

답글   ♡ 0

블로그의 세계다 보니 대부분 칭찬해주시는 댓글들이 많이 달립니다. 당연히 아이들은 자신의 작품에 대한 칭찬을 보고 기분이 좋을 수밖에 없습니다. 그리고 담임교사뿐만 아니라 많은 사람이 글을 읽는다는 걸 알고 수업 활동에 더 신경을 쓰기도 하더라고요. 링크를 보내주지 않아도 제 글을 미리 확인하기도 합니다. 이런 관심은 더 나은 활동을 위한 밑거름이 됩니다. 일종의 선순환이 되는 것이죠.

꼭 글쓰기 피드백만 남길 필요는 없습니다. 아이들이 남긴 활동 결과물들을 블로그에 남기고 간단하게 기록을 해봐도 좋습니다. 아이들 작품을 모을 때 물리적인 공간을 차지하지 않는다는 장점만으로도 충분합니다. 거기에 감상평까지 남길 수 있는 일석이조의 효과를 누리시면 더욱 좋겠고요.

교사,
블로그를 하다.

3-4 아이들 시를 책으로 묶다

학급 문집에 대한 추억이 있으신가요?

학기말이나 연말이 되면 학생들은 글 한 편씩을 제출하고, 그 글을 교사가 편집하여 인쇄소에 맡깁니다. 그리고 학교 예산으로 학생 수만큼 사서 가정으로 한 권씩 보내는 형식의 문집. 아마 많이 경험해 보셨을 거예요.

저는 아직도 중, 고등학교 때 받은 문집을 가지고 있어요. 물론, 엄청난 추억이긴 합니다. 그런데 펼쳐 보진 않아요. 백몇십 쪽 되는 문집 중에 제가 쓴 건 딱 한 편. 다른 친구들의 글은 눈에도 들어오지 않습니다. 그렇게 책꽂이에 묵혀지거나, 분리수거장으로 직행하는 문집이 엄청 많았을 겁니다.

이런 아쉬움을 달래보고자 반 아이들 시를 모아 책으로 출판하기 시작했어요. 학교 예산으로 인쇄소에 맡기는 것이 아닌 독립출판 플랫폼을 활용해 인터넷 서점에 팔리는 책으로 만드는 것이죠. 책꽂이 속 문집으로 끝나는 것이 아니라, 인터넷에 검색하면 나오는 진짜 책을 남기는 겁니다. 아이들은 '작가'가 되는 것이고요.

[그림 3-10]

그 시작이 앞에서 이야기했던 '폰카시 쓰기 프로젝트'를 통해 출간한 〈폰카시―사진 찍고 시 짓는 초등학생들이 엮은 감성 동시집〉입니다.

이 책을 만드는 데 블로그가 정말 큰 역할을 했어요. 블로그로 시작해서 블로그로 끝냈다고 해도 과언이 아닙니다.

먼저 '폰카시'라는 장르를 블로그 이웃을 통해 접하게 되었어요. 이웃인 '달작'님의 블로그에서 처음 '폰카시'를 보게 되었죠. 핸드폰 카메라로 찍은 사진(폰카)과 그 사진에 담긴 짤막한 이야기, 그것을 바탕으로 쓴 시로 구성된 것을 폰카시라고 하더군요.

아이들에게 그냥 시를 쓰라고 하는 것보다 훨씬 쉬울 것 같다는 생각이 들었어요. 시집 구성도 사진 한쪽, 시 한쪽이라 아이들이 10편씩만 쓰면 시집 한 권이 뚝딱 나올 것 같았죠. 그렇게 '달작'님의 블로그 덕분에 이 프로젝트를 시작할 수 있었어요. 그런데 알고 봤더니 '달작'님이 푸른문학상, 서덕출 문학상 등을 받으시고, 동시집, 청소년 시집, 동화 등을 출간하신 유명한 시인이시더라고요. 정말 가볍게 볼 '폰카시'가 아니었는데, 일단 시작하게 됩니다.

먼저 아이들에게 매주 하나의 사진을 제출하라고 했어요.

[그림 3-11]

새로 찍든 핸드폰 사진첩에 있는 사진을 제출하든 인상 깊은 사진을 하나씩 메신저에 올리라고 했습니다. 그리고 그 사진을 주제로 짤막한 글을 쓰라고 했어요. 어떤 일이 있었는지 어떤 생각을 했는지 간단하게 적는 겁니다.

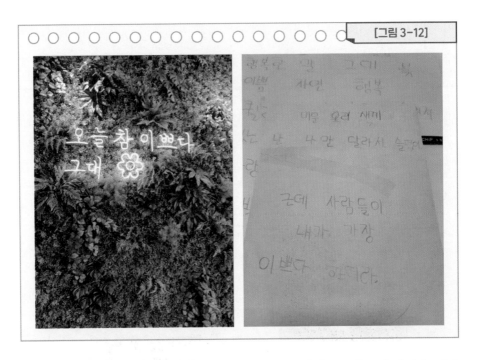

[그림 3-12]

이 글을 시 형식으로 다시 써서 다시 제출하도록 했어요. 저는 이 사진을 컬러로 출력하여 나눠주고, '시 공책'에 붙이라고 했습니다.

[그림 3-13]

그리고 글쓰기 내용과 시를 정리하도록 했습니다. 저는 이걸 블로그로 옮겼어요. 원고 편집을 한글 파일이 아닌 블로그에 한 것이죠. 시를 옮겨 적으며 살짝 퇴고하기도 했습니다.

[그림 3-14]

겨울잠

여름은 가고
너의 쉬는 시간이 오는구나
고마웠어.
겨울동안 편히 쉬고
다시 만나자.

00준

이제 에어컨과는 안녕입니다. 물론 저희 교실은 냉난방기라 곧 난방기로 역할을 다하겠지만, 시인의 집 에어컨은 겨울 동안 푹 쉬겠네요. 내년 여름에도 우리를 시원하게 해주기 위해 체력을 충분히 보충했으면 좋겠습니다.

이때 '1일 1포'를 생활화하던 때라 정말 열심히 정리했습니다. 아이들 시만 정리하면 아쉬우니, 저도 시에 관한 생각을 간단하게 적어 봤어요. 아이들 시집에 당당히 제 이름을 넣을 수 있는 원동력이 되었던 부분입니다.

이 과정을 12주 동안 이어갔습니다. 정말 한 주도 빠지지 않고 열심히 쓰고 정리했어요. 결국 다섯 명 아이들이 60편의 폰카시를 완성했습니다. 전 블로그에 있는 글을 한글로 옮겼고요. 독립출판 플랫폼에 양식이 있어서 거의 그대로 복사, 붙여넣기를 통해 원고를 금방 완성할 수 있었습니다. 블로그에 열심히 정리한 덕분이었죠.

[그림 3-15]

폰카시 쓰기 프로젝트(시집 출간의 길) - 5주차('저녁노을' 외) | 글쓰기교육   2021/09/30 20:28
오랜만에 폰카시 쓰기 프로젝트로 돌아왔습니다. 추석 연휴가 끼어 있어서 한 주 휴식을 취했습니다. 특히 이번...

폰카시 쓰기 프로젝트(시집 출간의 길) - 4주차('기부 탓' 외) | 글쓰기교육   2021/09/22 22:00
ㅎㅎㅎ 폰카시 쓰기 프로젝트 4주차입니다. 이제 한 두... 곧 통일 관련 시 쓰기를 해서 지역에서 개최하는 DMZ...

폰카시 쓰기 프로젝트(시집 출간의 길) - 3주차('넌 누구?' 외) | 글쓰기교육   2021/09/11 09:43
폰카시 쓰기 프로젝트 3주차입니다. 역시나 창작의 고통을 겪은 일주일입니다. 왜 저까지 고통을 얻게 되는 걸까요...

폰카시 쓰기 프로젝트(시집 출간의 길) - 2주차('손죽 山峰노보' 외) | 글쓰기교육   2021/09/05 22:29
아직 2주차라 시 쓰는 게 쉽지는 않습니다. 주제 잡는... 폰카시 쓰기 프로젝트는 3주차에도 이어집니다. 폰카시 쓰기...

폰카시 쓰기 프로젝트(시집 출간의 길) - 1주차('출입금지' 외) | 글쓰기교육   2021/08/30 22:56
<놀면서 시 쓰는 날>의 저자이시자 블로그 이웃님인 '달작'님을 통해 처음 접하게 된 폰카시 쓰기를 2학기에는...

눈꽃송이

샤랄라
눈꽃이 내려요.

사르르
언젠가
눈꽃은 지고 떨어져요.

그 순간을
밝은 빛과 함께
추억으로 남겨요

벚꽃이 만개했을 무렵 가족들과 함께한 꽃구경 모습입니다. 사진으로 남아 있는 추억을 시로 다시 한 번 되새깁니다. '폰카시 쓰기 프로젝트'의 첫 번째 목표는 당연히 시를 써 보자는 것이지만, 이렇게 좋은 추억을 떠올리는 것도 중요합니다. 시인들이 내 삶과 시가 멀지 않고, 시를 통해 내 삶을 더 건강하게 할 수 있다는 것을 느꼈으면 합니다. (21.11.15.)

마지막 난관은 '표지 디자인'이었어요. 그냥 흰 배경에 제목만 쓸까 고민하던 때, '윤단밤'이라는 블로그 이웃이 도움을 주셨습니다. 제가 블로그에서 아이들 시집을 만든다고 적은 글을 보고 먼저 얘기를 꺼내 주셨어요. 그리고 정말 감사하게도 열과 성을 다하셔서 만들어 예쁜 표지를 보내주셨고, 〈폰카시〉가 무사히 출간될 수 있었습니다.

　처음 독립출판에 대해 알게 되고, 실제로 책을 출간하기까지 블로그의 힘이 절대적이었습니다. 여러 정보를 블로그에서 찾을 수 있었기 때문에, 그리고 블로그에 꾸준히 글을 정리하였기에 가능했다고 생각합니다. 여러 이웃들의 도움도 받았고요.

　이 경험을 바탕으로 지금까지 다섯 권의 학생 작품집을 출간할 수 있었습니다. 덕분에 꽤 많은 학생 작가를 배출할 수 있었죠.

　아이들과 글쓰기 수업을 하고 계신가요? 지금 바로 아이들 작품을 블로그에 정리해 보시기 바랍니다. 연말엔 시집 한 권이 탄생해 있을 겁니다.

교사,
블로그를 하다.

3-5 그림책 수업이 쌓인다

교육 현장에서 '그림책'을 활용하려는 시도는 예전부터 계속되고 있습니다. '좋아서하는그림책연구회', '그림책사랑교사모임' 등 그림책 활용 수업을 연구하는 전국구 교사 모임도 늘어났습니다. 연구회 소속 선생님들은 물론 '그림책 활동가' 선생님들의 개인 도서 출간도 이어지고 있고요.

이런 선생님들의 책을 구입하여 열심히 수업에 활용하는 분들도 매우 많을 것입니다. 저도 관련된 책을 10권 이상은 교실 책꽂이에 꽂아 놓은 것 같아요. 하지만 책의 내용을 그대로 따라 한 적은 거의 없습니다. 책을 쓰신 선생님들이 저와 같을 수 없고, 수업을 적용하는 교실과 아이들 역시 다르기 때문입니다.

하나의 그림책을 가지고도 정말 다양한 수업을 할 수 있습니다. 보는 관점에 따라, 하는 활동에 따라 주제가 바뀝니다. 하지만 공통점이 있습니다. 아이들이 정말 좋아한다는 거예요. 교과서 대신 그림책을 펼치는 것만으로도 아이들의 기대 어린 표정을 볼 수 있습니다. 그리고 거의 모든 수업 주제와 연계할 수 있을 정도로 많은 그림책이 세상에 존재한다는 것도 큰 장점이고요.

그렇기에 저도 나만의 그림책 수업을 발전시켜 나갈 필요가 있다고 생각했고, 블로그를 통해 그 발전을 도모했습니다. 먼저 그림책을 많이 읽었어요. 위에서 얘기한 그림책 연구회, 그림책 활동가 선생님들이 추천하는 그림책을 열심히 봤습니다. 출판사 서평단에 지원해서 무료로 책을 받기도 했습니다. 그리고 그 책의 리뷰를 블로그에 적었어요.

[그림 3-16]

그림책 추천 36개의 글

글 제목

낙엽 다이빙(강은옥 그림책 / 위즈덤하우스) - 낙엽들의 다이빙 대회 현장 중계 (16)

누리호의 도전(정화영 글, 하루치 그림, 한국항공우주연구원 자문 감수/위즈덤하우스) - 그때의 그 감동을 그림책으로! (8)

우리 집에 놀러 와(엘리자 헐, 샐리 리핀 글 / 대니얼 그레이 바넷 그림 / 김지은 옮김 / 위즈덤하우스) - 독후 활동지 포함 (4)

동그라미 세상이야(하야시 기린 글, 쇼노 나오코 그림, 황진희 옮김 / 위즈덤하우스) - '우화'란 이런 것이지! (8)

인사(김성미 그림책 / 책 읽는 곰) - 인사는 타이밍? (6)

짝꿍(박정섭 글.그림 / 위즈덤하우스) - 우리는 정말 사이좋은 짝꿍이었다 (3)

한 장 한 장 그림책(이억배 / 사계절) - 한 장 한 장 펼치면 수백 가지 이야기가 생겨나는 마법 같은 책 (14)

뺄릴리 범범(박정섭 글, 이육남 그림 / 사계절) - 언제 들어도 즐거운 옛날이야기 (10)

왼손에게(한지원 그림책 / 사계절) - 오해해서 미안하다 (15)

해님이 웃었어(기쿠치 치키 / 사계절) - 바람이랑 산책 (6)

리뷰를 쓰면서 어떨 때 읽으면 좋을지, 어떤 주제의 수업과 연계하면 좋을지도 생각해 봅니다. 지금은 필요 없을지 모르지만 다른 학년을 맡을 때 필요할지도 모르니, 계속 나만의 추천 도서 목록을 만들어 가는 것이지요.

그중 올해 수업에 활용할 만한 책은 활동지를 만들어 블로그에 올립니다.

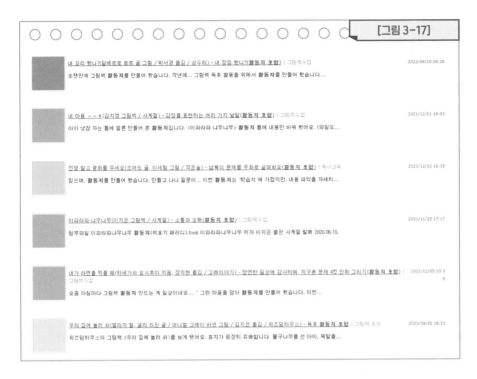

[그림 3-17]

내 꼬리 봤니?(알베르토 로르 글, 그림 / 박서경 옮김 / 상수리) - 내 장점 봤니?(활동지 포함) | 그림책수업　2022/04/10 09:26

오랜만에 그림책 활동지를 만들어 봤습니다. 작년에... 그림책 독후 활동을 위해서 활동지를 만들어 봤습니다....

내 마음 ㅅㅅ*(김지영 그림책 / 사계절) - 감정을 표현하는 여러 가지 낱말(활동지 포함) | 그림책수업　2021/12/01 18:03

아이 낮잠 자는 틈에 얼른 만들어 본 활동지입니다. <이파라파 나무나무> 활동지 틀에 내용만 바꿔 봤어요. (파일도...

전쟁 말고 평화를 주세요(조재도 글, 이세림 그림 / 작은숲) - 남북의 문제를 우화로 살펴봐요(활동지 포함) | 독서교육　2021/12/02 16:35

믿으며, 활동지를 만들어 봤습니다. 만들고 나니 질문이... 이번 활동지는 '학습지'에 가깝지만, 내용 파악을 자세히...

이파라파 나무나무(이지은 그림책 / 사계절) - 소통과 오해(활동지 포함) | 그림책수업　2021/11/25 17:17

첨부파일 이파라파나무나무 활동지(책표지 패러디).hwp 이파라파나무나무 저자 이지은 출판 사계절 발매 2020.06.10.

내가 라면을 먹을 때(하세가와 요시후미 지음, 장지현 옮김 / 고래이야기) - 당연한 일상에 감사하며, 지구촌 문제 4컷 만화 그리기(활동지 포함) | 그림책수업　2021/12/05 10:35

요즘 아침마다 그림책 활동지 만드는 게 일상이네요.... " 그런 마음을 담아 활동지를 만들어 봤습니다. 이번...

우리 집에 놀러 와(엘리자 헐, 셜리 라핀 글 / 대니얼 그레이 바넷 그림 / 김지은 옮김 / 위즈덤하우스) - 독후 활동지 포함 | 그림책 추천　2023/04/30 18:23

위즈덤하우스의 그림책 <우리 집에 놀러 와>를 보게 됐어요. 표지가 굉장히 유쾌합니다. 물구나무를 선 아이, 목말을...

　

책을 읽으면서 활동 아이디어가 떠오른다거나 너무 재밌어서 아이들과 나누고 싶은 책들은 활동지를 만들어 두는 편입니다. 읽은 모든 그림책을 수업에 활용할 순 없지만, 이렇게 몇 개씩 만들어 두면 두고두고 사용할 수 있게 됩니다.

활동지 양식은 한 번 만들고 크게 바꾸지 않았어요. 미리캔버스나 파워포인트 등으로 만들면 더 좋겠지만, 전 아직은 한글로 작업을 하고 있습니다. 담임을 맡은 학년이 바뀌거나 수업을 하고 아쉬운 점이 있으면 바로 고치기가 좋더라고요.

[그림 3-18]

〈내마음 ㅅㅅㅎ 활동지〉
-감정 그림책 만들기-

( )학년 ( )반

이름:( )

1. 책표지를 보고 표지 속 아이는 어떤 마음일지 상상해 적어 봅시다.(읽기 전)

_____

2. 작가가 'ㅅㅅㅎ'로 만든 낱말들을 모두 적고, 어떤 상황인지 다시 살펴 봅시다.

_____

_____

3. 감정을 표현하는 낱말들을 적어 봅시다.

_____

_____

4. 감정을 표현하는 낱말을 하나 골라, 어떤 상황에서 이런 감정을 느끼는지 적어 봅시다.

_____

_____

5. 감정 그림책 만들기 활동(스토리 보드)

앞표지 (조성퀴즈)	1쪽 (감정을 표현하는 장면)	2쪽 (감정을 나타내는 낱말)	뒷표지 (다양한 감정 표현으로 타이포그라피)

이렇게 만든 활동지로 수업을 하면 그 모습을 다시 블로그에 정리합니다.

가능하면 수업 당일에 글을 쓰는 것이 좋습니다. 아니면 블로그 임시 저장 기능을 이용해서라도 아이들의 반응은 바로 적어 두는 편입니다. 또 수업하면서 아쉬웠던 점이나 좋았던 점을 정리하면 다음 그림책 수업에 도움을 받을 수 있습니다. 또 아이들의 활동 모습이나 활동 결과물을 사진으로 찍어 저장해 놓으면 좋은 예시가 되기도 합니다.

[그림 3-19]

같은 그림책을 몇 년 동안 연속으로 활용하면 더욱 정련된 수업을 할 수 있고, 학년이 바뀌었다면 학년별로 어떤 차이가 있는지 확인할 수도 있습니다. 같은 그림책이라도 여러 개의 활동지가 쌓이기도 합니다.

그림책 수업을 '그림책 서평 ➔ 활동지 ➔ 수업 후기'의 3단계로 정리를 하는 셈입니다. 때로는 서평과 활동지를 하나의 글로 정리하거나, 활동지와 수업 후기를 한 번에 올리기도 합니다. 대신 수업 전과 후의 두 개의 글은 블로그에 올리며 '활동지를 만들겠다'나 '수업을 해야겠다'라는 공언을 하는 것이 좋습니다. 이웃들에게 응원이나 좋은 아이디어를 얻을 수도 있거든요.

이 책 너무 재미있어요. 아이들과 스토리 만들기를 해보았는데 그것도 참 좋았답니다. 이파라파나무냐무, 팥빙수의 전설, 친구의 전설 아이들이 너무 좋아합니다. 수업 후기 기대됩니다 선생님

2021.11.25. 17:26 │ 신고

답글   ♡ 0

       책먹보심선생 🔒 (블로그주인)

       스토리 만들기는 어떤 식으로 진행될까요~??

       2021.11.27. 06:15

       답글

       @책먹보심선생 이파라파나무냐무는 글이 없고 그림이 있잖아요.. 그 그림에 아이들의 상상력을 더한 스토리를 만드는거예요. "아함, 아침이야 이제 일을 하러 나가볼까? 늦잠 자지 말고 일어나 모두" 이런식으로요. 팀 활동을 한다면 팀에서 스토리를 만들고 낭독이나 낭독극으로 확장하시면 아이들도 재미있어요. 아니면.. 각 팀별 몇 장면을 맡아서 우리들의 이라라파 나무냐무 이야기를 복도에 쭉 전시해 주셔도 좋구요..

       2021.11.27. 08:16 │ 신고

       답글

       책먹보심선생 🔒 (블로그주인)

       @⬤⬤⬤오~

       전시 구성까지 참 좋네요^^

       글밥 없는 그림책으로 활동하기 좋겠군요!

       2021.11.27. 15:56

       답글

저는 교육청 공모 사업 중 하나인 통일 교육 동아리를 운영한 적이 있습니다. 독서를 주제로 잡아 한 학기 한 권 읽기와 그림책 수업을 진행했고, 역시 블로그에 내용을 정리했습니다. 근데 이 글을 지역 교육청 장학사님이 읽으셨고, 연수 제의를 주신 적이 있어요. 누군가는 제 글을 보고 있고, 조금의 도움을 줄 수도 있게 되더군요. 저 스스로의 역량이 강화되는 것은 당연한 결과였고요.

저는 여전히 그림책을 읽고 활동지를 만들며 수업에 적용하고 있습니다. 여러 책의 도움을 받기도 하지만, 가장 참고가 많이 되는 건 제가 블로그에 올린 글들입니다. 교실 책꽂이에 그림책 관련 도서들을 잔뜩 싸들고 다니지 않아도 되는 건 이 글들 덕분입니다.

3-6 수업 준비의 기본은 지식 쌓기

앞에서 교육 관련 도서 서평단 참여에 관해 이야기했었습니다. 평소에 읽기 어려운 책도 '마감'이란 강제성이 생겨 수업 정보 지식 쌓기에 도움이 된다고 말이죠. 이것이 조금 익숙해지면 블로그 글쓰기를 통해 스스로 마감을 정하기도 합니다. 그래서 블로그에 리뷰를 적어야겠다는 생각으로 접하기 조금 어려운 책에 도전할 수 있었고요.

세상엔 정말 좋은 책들이 많습니다. 학교 현장에서, 그리고 수업에 적용하여 교사로서 능력을 꽃피우게 도와주는 책들도 많고요. 물론 그것을 읽냐 읽지 않냐는 나의 노력에 달려 있을 뿐입니다. 좋은 책을 고르고, 사서, 읽고 정리하는 것까지 하려면 정말 엄청난 노력이 필요합니다. 그런데 고르는 시간과 사는 시간을 줄일 수 있는, 그리고 나의 수업 능력을 키울 수 있는 정말 좋은 책이 있습니다.

바로 교사용 지도서입니다.

교사용 지도서는 교육과정에 따라 편찬되는 교과서를 이용하여 학생들을 가르칠 때 도움을 받을 수 있는 자료입니다. 교수·학습 지도 방법부터 평가까지 수업의 흐름을 파악할 수 있는 것은 물론, 수업 내용과 관련된 풍부한 자료와 정보를 제공하고 있어요. 한 차시 수업을 위한 배경지식을 쌓기에 가장 좋은 자료라고 할 수 있습니다.

사실 초임 때에도 교사용 지도서를 보려는 노력을 한 적이 있어요. 교생 실습 때 교사용 지도서가 기본이라는 말을 수없이 들었거든요. 하지만 지도서를 보자니 수업 준비를 할 시간이 모자란다는 느낌이 들었습니다. 수업하려면 좋은 슬라이드와 활동지를 구하는 것이 우선이라고 생각했던 것이죠.

그런데 진정한 수업 준비는 그 차시에서 어떤 것을 가르쳐야 하는지 아는 것부터가 시작이더군요. 수업 관련 지식을 쌓는 것부터가 먼저였어요. 아무리 좋은 슬라이드와 활동지가 있어도 제대로 활용할 수 없다면 진정한 내 수업이라고 느껴지지 않더라고요.

그러다 방학 때 지도서를 볼 일이 생겼어요. 초임 때 보이지 않던 것이 보이기 시작했습니다. 한 차시 수업을 제대로 하기 위해서는 단원 전체의 목표와 방향성을 이해해야 한다는 것, 단원 학습 계열에 따라 선수 학습과 후속 학습을 염두에 둬야 한다는 것, 무엇보다 전자저작물에 좋은 자료가 많다는 것을 알게 되었습니다.

학기 시작 전에, 안 되면 단원 시작 전에, 그것도 안 되면 수업 직전에라도 지도서를 한 번 살펴보는 것이 수업에 큰 도움이 된다는 것을 깨달았던 겁니다.

그래서 지도서를 정리하는 메뉴를 만들어 지도서 내용을 정리해 보기로 했어요. 수업 준비와 블로그 활동을 동시에 할 수 있다니, '1일 1포스팅' 도전에 한 가지 주제를 더 추가한 셈이었습니다. 욕심을 부리지 않고 방학이 되었든 주말이 되었든 한 과목 혹은 한 단원만 정해서 정리하자는 목표를 잡아 조금씩 글을 올리기 시작했습니다.

메뉴 이름은 '1일 1 교과서 지식'이라고 붙였어요.

[그림 3-21]

4학년 1학기 수학 6단원 규칙 찾기 지도 내용 정리 (25)

4학년 1학기 수학 5단원 막대그래프 지도 내용 정리 (33)

4학년 1학기 수학 4단원 평면도형의 이동 지도 내용 정리 (29)

4학년 1학기 수학 3단원 곱셈과 나눗셈 지도 내용 정리 (33)

4학년 1학기 수학 2단원 각도 지도 내용 정리 (25)

4학년 1학기 수학 1단원 큰 수 지도 내용 정리 (36)

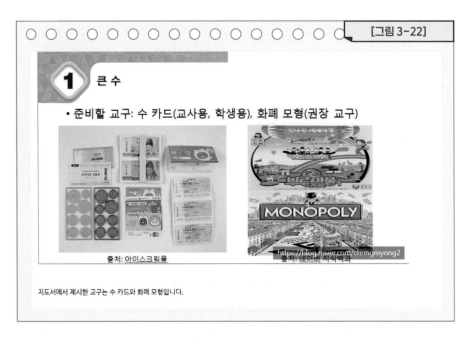

[그림 3-22]

1 큰 수

• 준비할 교구: 수 카드(교사용, 학생용), 화폐 모형(권장 교구)

MONOPOLY

출처: 아이스크림몰

https://blog.naver.com/chungmyong2
출처: 네이버 지식백과

지도서에서 제시한 교구는 수 카드와 화폐 모형입니다.

　　당시 4학년 담임을 맡고 있을 때라 수학 지도서 내용을 단원별로 정리했습니다. 단원 개관, 단원 학습 계열, 단원의 흐름은 물론, 주로 사용하는 교구 등을 블로그에 정리했습니다.

　　사회 교과는 교사의 배경지식이 매우 중요한 과목입니다. 그래서 수업 준비에 시간이 오래 걸리는 교과 중에 하나에요. 교사의 배경지식이 많을수록 설명이 자연스러워집니다.

[그림 3-23]

1일 1교과서 지식

지구촌 갈등 해결을 위한 국제기구와 국가들의 노력(6학년 2학기 사회 2단원)

책먹보심선생 2020. 12. 10. 12:19   URL 복사 통계

지구촌에 다양한 갈등들을 해결하기 위해 사람들은 어떤 노력을 하고 있는지 공부합니다. 여러 국제 기구들이 등장합니다.

1. 국제 연합(United Nation)

가. 국제 연합(UN)
1945년 설립된 국제 연합(UN)은 지구촌의 평화 유지, 전쟁 방지, 국제 협력 활동을 하는 단체이다. 제1,2차 세계 대전으로 많은 사람이 다치거나 죽고 전쟁에 참여한 나라들은 큰 피해를 입었다. 이를 계기로 세계는 평화로운 방법으로 갈등을 해결하는 것이 중요하다는 점을 깨닫고 국제 연합을 만들었다. 국제 연합에는 다양한 전문 기구들이 설립되어 있으며, 세계 여러 나라가 서로 협력해 지구촌 갈등을 해결하려고 노력하고 있다.

나. 유엔 본부
미국 뉴욕 맨해튼에 있으며 39층짜리 사무국, 총회 회의실, 회의장 건물, 함마슐드 도서관의 네 개 건물로 이루어져 있다.

그래서 지도서에 있는 수업 배경지식 내용을 그대로 베끼는 것만으로도 많은 도움이 되더라고요. 지도서 내용을 교사의 언어로 다시 정리하면 더욱 효과가 좋고요. 도움이 되는 영상 자료의 링크를 함께 올리면 수업은 물론 블로그도 풍성해집니다. 수업 준비를 위한 공부는 물론 블로그에 자료도 쌓이는 일석이조 효과인 셈입니다.

특히 교과서, 지도서 지식의 필요성이 높은 것인지 조회수도 다른 게시물에 비해 높은 편입니다.

지구촌 갈등 해결을 위한 국제기구와 국가들의 노력(... 📄 게시물 보기   📄 다운로드

2020.12.10. 12:19 작성

실시간 2024.02.05. 기준

누적 조회수	누적 공감수	누적 댓글수
20,258	**58**	**36**

이 글은 올린 지 3년이 지났음에도 12월만 되면 조회수가 늘고 있는 걸 볼 수 있습니다.

기간	조회수	기간	조회수
2023.12. 월간	5,691	2023.04. 월간	19
2023.11. 월간	1,942	2023.03. 월간	12
2023.10. 월간	298	2023.02. 월간	43
2023.09. 월간	79	2023.01. 월간	143
2023.08. 월간	41	2022.12. 월간	3,937
2023.07. 월간	16		
2023.06. 월간	23		
2023.05. 월간	13		

그만큼 지도서 속 내용 지식에 관심을 두는 분들이 많다는 뜻일 겁니다.

이제 새로운 교육과정이 도입됩니다. 교육과정 전문가이신 선생님들께서도 당연히 적응이 필요하겠지요. 조금 더 빠른 적응을 위해서 블로그에 지도서 내

용 정리를 올려보시는 건 어떨까요?

교사 본인과 블로그의 성장은 물론, 많은 분께 큰 도움이 될 것입니다.

교사,
블로그를 하다.

3-7 노는 방법도 어려워요

우리는 자라면서 수많은 놀이를 배웁니다. 때로는 새로운 것을 만들어 내기도 하죠. 우리 교실에서도 정말 다양한 놀이가 만들어지고 활용되고 있습니다. 학습에 활용할 수 있는 보드게임도 계속 출시되고 있고요. 너무 많아서 다 기억을 못 할 정도입니다.

그래서 놀이(혹은 보드게임) 활용 수업과 관련한 선생님들의 유튜브를 구독하거나 마음에 드는 도서를 구입해서 교실에 비치해 두기도 합니다. 제가 교실 이사 때마다 들고 다니는 놀이 수업 관련 책과 보드게임만 해도 두 상자는 넘게 나오는 것 같아요.

물론, 이런 것들을 가지고 다니기만 한다고 저절로 내 수업에 녹여지는 것은 아닙니다. 활용하고 연습하고, 정리해야 합니다.

저는 마음에 드는 교실 놀이를 접하게 되면 일단 수업에 적용합니다. 그리고 블로그에 놀이 방법과 수업 후기를 정리해요.

'포스트잇 이불 덮기 놀이'는 허승환 선생님 유튜브에서 알게 된 놀이 방법입니다. 친구들이 적은 여러 질문에 대한 답을 생각할 수 있는 활동으로 모든 아이가 즐겁게 참여할 수 있을 것 같아 작년 핫시팅 활동 대신 넣어봤습니다.

놀이 안내 영상을 보고, 제가 간단히 정리한 피피티 영상으로 아이들에게 활동 설명을 해주었습니다.

포스트잇 이불 놀이

질문 적기 맨 밑에 출제자 이름 적기	답 적기 출제자 이름 적지 않음

1. 내가 낸 문제와 답이 적힌 포스트잇을 각각 다른 곳에 붙여둔다(충분히 찾을 수 있는 장소에/보물찾기가 아님).
2. 선생님이 신호를 주면 문제에 맞는 답을 찾으러 다닌다.
3. 절대 답을 찾기 전에는 포스트잇을 떼지 않는다.
   - 문제에 맞는 답을 찾으면 떼서 문제가 있는 곳으로 돌아가 문제도 함께 뗀다.
4. 출제자에게 찾아가 답이 맞는 확인한다.(서명을 받아야 함)
5. 답이 맞으면 자리에 앉아 답 포스트잇 위에 문제 포스트잇을 덮어준다.

중요한 건 다 함께 빠르게 찾는 것도 중요하니 반 전체가 활동을 마무리하는 시간을 재겠다고 이야기했습니다. 그리고 제발 아이들이 잘 찾을 수 있는 곳에 포스트잇을 붙이라고 당부했습니다(그럼에도 조금이라도 더 어려운 곳에 붙이려고 노력하는 아이들이 있어 몇 명 남지 않았을 때는 앉은 아이들에게 포스트잇 위치를 알려주라고 했습니다).

처음 하는 놀이의 경우 이렇게 방법을 정리하면서 스스로 복기할 수 있다는 장점이 있어요. 교사가 놀이에 대한 규칙을 제대로 알고 있어야 설명도 그만큼 쉬워집니다. 시간적 여유가 있다면 수업 모습을 상상하며 놀이 방법을 예습해두면 더 좋습니다. '이게 맞나?'라며 설명하다 말고 책이나 놀이 영상을 들여다볼 확률을 줄여주고, 블로그에 남기는 기록도 하나 더 늘어나니까요.

시간이 부족하다면 수업 후에 정리하는 걸 더 추천합니다. 이때는 놀이 방법과 수업 장면 사진, 그리고 아쉬웠던 점을 함께 적습니다.

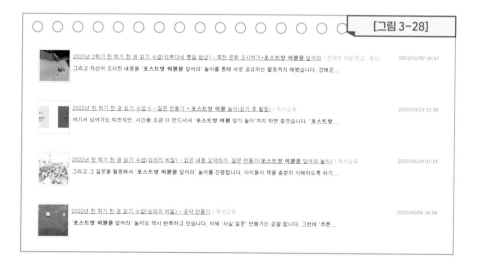

[그림 3-27]

출제자는 내가 적은 답이 아니더라도 비슷한 답을 가지고 왔다면 답으로 인정해 주고, 답에 자기 서명을 해줍니다. 그리고 짝을 찾은 아이들은 포스트잇 이불을 덮어주고 자리에 돌아가 앉아 다른 아이들의 활동을 지켜보면 됩니다.

질문이 세 개라 한 번에 모두 붙이고 활동을 해도 괜찮은데, 질문의 종류별로 따로 3번 진행했습니다. 간혹 출제자 이름을 안 쓰고, 질문 포스트잇을 들고 돌아다니는 아이들이 있었지만 재밌게 활동에 참여했습니다. 조금 익숙해졌으니 나중에 다른 주제로 한 번 더 활동을 해봐야겠어요.

가장 중요한 건 아쉬웠던 점이나 돌발 상황 등을 정리하는 거예요. 그리고 다음 수업엔 어떻게 적용할지 수정 방안이나 다짐도 함께 남겨 놓습니다.

훌륭한 선생님들께서 새로운 놀이를 만들거나 기존의 놀이 방법을 잘 정리해서 공유하고 있어요. 하지만 이 놀이를 모든 교실, 모든 학생에게 똑같이 적용하기란 쉽지 않습니다.

그렇기에 스스로 놀이를 수업에 적용하면서 나만의 놀이로 발전시켜야 다음 수업을 더욱 매끄럽게 진행할 수 있어요. 이렇게 3~4번 정도 수업을 하면서 블로그에 기록까지 하면 최소한 수업 놀이 하나에 대해서는 '마스터'가 될 수 있습니다.

[그림 3-28]

2023년 2학기 한 학기 한 권 읽기 수업(리루디네 통일 밥상) - 북한 문화 조사하기+포스트잇 이불을 덮어라 | 문해랩 마법 학교: 동시   2023/12/02 18:57
그리고 자신이 조사한 내용을 '포스트잇 이불을 덮어라' 놀이를 통해 서로 공유하는 활동까지 해봤습니다. 정해준...

2022년 한 학기 한 권 읽기 수업 6 - 질문 만들기 + 포스트잇 이불 놀이(읽기 후 활동) | 독서교육   2022/03/29 15:58
여기서 넘어가도 되겠지만, 시간을 조금 더 만들어서 '포스트잇 이불 덮기 놀이'까지 하면 좋겠습니다. '포스트잇...

2022년 한 학기 한 권 읽기 수업(승리의 비밀) - 읽은 내용 요약하기, 질문 만들기(포스트잇 이불을 덮어라 놀이) | 독서교육   2022/05/24 07:21
그리고 그 질문을 활용해서 '포스트잇 이불을 덮어라' 놀이를 진행합니다. 아이들이 책을 충분히 이해하도록 하기...

2022년 한 학기 한 권 읽기 수업(승리의 비밀) - 공약 만들기 | 독서교육   2022/05/26 16:06
'포스트잇 이불을 덮어라' 놀이도 역시 반복하고 있습니다. 이제 '사실 질문 만들기'는 곧잘 합니다. 그런데 '추론...

검색 기능을 활용하여 이전 기록을 한 번 읽어 보고 수업에 들어가면 굉장한 시간 절약이 됩니다. 놀이 모습을 사진으로 남겨 두셨다면, 아이들에게는 좋은 본보기가 될 수 있고요.

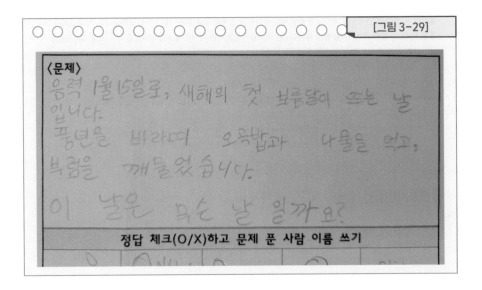

[그림 3-29]

좋은 예시를 보여주면 좋은 결과가 나올 확률도 높아집니다. 놀이도 그래요. 제대로 된 놀이 방법을 보여주면 아이들이 이해하기가 더 쉬워집니다. 좋은 영상 자료도 많지만 선생님이 직접 수업했던 장면을 보여주면 아이들의 관심과 이해도는 더 높아집니다.

[그림 3-30]

통일교육 보드게임 - 통피아 | 수업 자료와 후기

예산으로 **보드게임**을 구입했습니다. 6학년 모든 학급이... 다른 **보드게임**을 선택했습니다. 사실 예전부터 눈여겨...

통일 교육 **보드게임** 〈꽃구름 마을〉 소개 및 게임 방법 | 수업 자료와 후기

생각으로 **보드게임** 하나를 구입했습니다. 〈꽃구름마을... 검색 결과 통일을 주제로 한 **보드게임**은 거의 유일하다시피...

수학 도형 학습 **보드게임** '도형 탐생활' | 수업 자료와 후기

요즘 **보드게임**을 수업에 활용하는 시간이 많아지고... 최근에 **보드게임** 아이디어를 투고(?) 비슷하게 업체에 의견을...

두근두근 세계여행 - 6학년 사회 교과 활용 **보드게임** | 수업 자료와 후기

이번에 소개할 **보드게임**은 〈두근두근 세계여행〉입니다.... 적합한 **보드게임**입니다. 카드는 이렇게 4종으로 구성되어...

블록 쌓기 **보드게임** 〈블록고〉 - 6학년 2학기 3단원 공간과 입체 활용 **보드게임** | 수업 자료와 후기

발견해 **보드게임**과 함께 수업을 진행하려고 합니다. 〈블록고〉라는 보드 **게임**입니다. 초등교사가 개발한 게임으로...

같은 이유로 좋은 보드게임도 블로그에 정리하고 있어요.

수업 놀이 정리와 방식은 비슷합니다. 보드게임 놀이 방법을 자세히 쓰고, 수업에는 어떻게 적용했는지, 아쉬운 점은 없었는지 적습니다. 보드게임의 장점과 어떤 교과, 어떤 차시에 활용하면 좋을지까지 정리하면 좋습니다.

같은 보드게임이라도 어떤 교과에서 사용하는지, 어떤 학년의 아이들이 쓰는지에 따라 활용 방법이 달라질 수밖에 없어요. 이런 내용을 블로그에 정리하면 한 번 사둔 보드게임을 몇 년은 계속 사용할 수 있게 해줍니다. 쉬는 시간에 풀어놓고 놀게 하는 것을 넘어서 학습에 도움이 되는 교구로 활용도를 높일 수 있습니다.

블로그에 기록이 늘어날수록 놀이에 대한 경험과 지식도 높아집니다. 놀이를

배우고 얻어서 활용하는 것을 넘어 선생님이 스스로 새로운 놀이를 만들 수도 있어요. 꼭 새로운 것이 아니더라도 기존과는 다른 곳에 적용하는 것만으로도 놀이를 업그레이드 시켜 줄 수 있는 것이죠.

사회 교과에 적용하기 좋은 놀이라고 소개받고 활용했지만, 조금 변형하여 독서 수업과 연계한다든가 짝 활동 놀이를 모둠이나 전체 놀이로 발전시킨다면 선생님이 새로운 창작자가 되는 겁니다.

3-8 연수 필기는 공책에 하지 마세요

제가 놀이 방법을 블로그에 정리하기 시작한 건 좋은 연수를 만났기 때문입니다.

코로나19로 인해 교실에서 여유 시간이 조금 생겼었어요. 개학이 늦어지기도 했었고, 개학마저도 온라인으로 했기 때문이죠. 그래서 그 여유 시간에 온라인 연수를 듣기로 결심했어요.

그 당시만 해도 아이들이 금방 교실로 돌아올 줄 알았기에 교실 놀이 연수를 선택했습니다. 그동안 너무 강의식 수업만 좋아한 건 아닐까 싶었거든요. 그래서 새롭게 만날 아이들과는 조금 더 활동적인 교실을 만들기 위해 '쏭쌤&이종대왕의 리얼 놀이로 푸는 학급경영'이란 연수를 호기롭게 신청했습니다.

아무리 여유가 있는 교실이었어도 온라인 연수를 듣는 건 쉽지 않더군요. 사실 첫 발령부터 매년 100시간이 넘는 온라인 연수를 듣고 있기는 하지만 처음부터 끝까지 100% 집중해서 수강했던 적은 없는 것 같아요. 하지만 이번 연수만큼은 그렇게 넘기고 싶지 않았습니다.

그러다 생각난 것이 바로 블로그였어요. 학창 시절 수업 필기를 잘하는 학생은 아니었지만, 연수 내용을 더 잘 이해하고 싶어 블로그에 연수 내용을 정리하기 시작했어요.

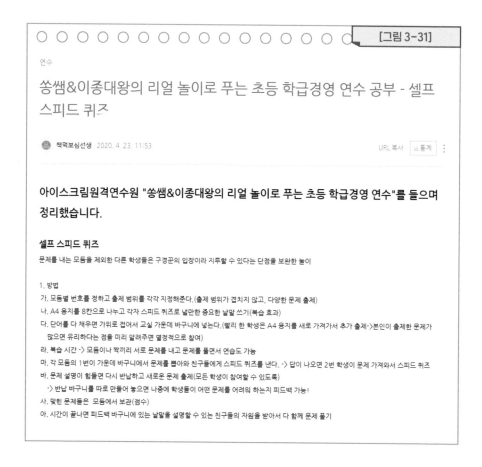

[그림 3-31]

연수

쏭쌤&이종대왕의 리얼 놀이로 푸는 초등 학급경영 연수 공부 - 셀프 스피드 퀴즈

책먹보심선생 2020. 4. 23. 11:53

URL 복사 통계

아이스크림원격연수원 "쏭쌤&이종대왕의 리얼 놀이로 푸는 초등 학급경영 연수"를 들으며 정리했습니다.

셀프 스피드 퀴즈
문제를 내는 모둠을 제외한 다른 학생들은 구경꾼의 입장이라 지루할 수 있다는 단점을 보완한 놀이

1. 방법
가. 모둠별 번호를 정하고 출제 범위를 각각 지정해준다.(출제 범위가 겹치지 않고, 다양한 문제 출제)
나. A4 용지를 8칸으로 나누고 각자 스피드 퀴즈로 낼만한 중요한 낱말 쓰기(복습 효과)
다. 단어를 다 채우면 가위로 접어서 교실 가운데 바구니에 넣는다.(빨리 한 학생은 A4 용지를 새로 가져가서 추가 출제 -> 본인이 출제한 문제가 많으면 유리하다는 점을 미리 알려주면 열정적으로 참여)
라. 복습 시간 -> 모둠이나 짝끼리 서로 문제를 내고 문제를 풀면서 연습도 가능
마. 각 모둠의 1번이 가운데 바구니에서 문제를 뽑아와 친구들에게 스피드 퀴즈를 낸다. -> 답이 나오면 2번 학생이 문제 가져와서 스피드 퀴즈
바. 문제 설명이 힘들면 다시 반납하고 새로운 문제 출제(모든 학생이 참여할 수 있도록)
  -> 반납 바구니를 따로 만들어 놓으면 나중에 학생들이 어떤 문제를 어려워 하는지 피드백 가능!
사. 맞힌 문제들은 모둠에서 보관(점수)
아. 시간이 끝나면 피드백 바구니에 있는 낱말을 설명할 수 있는 친구들의 자원을 받아서 다 함께 문제 풀기

다행히 교실에서 듀얼 모니터를 사용하고 있었기에, 한쪽엔 연수 영상 창을, 다른 쪽엔 블로그를 띄워 놓을 수 있었어요. 연수를 들으면서 실시간으로 블로그에 내용을 요약하기 시작했습니다. 교실 놀이 연수였기에 가장 중요한 놀이 방법을 빠르게 적고, 마지막에 주의할 점을 보태니 그럴싸한 연수 필기가 완성

되었습니다.

이 글을 그대로 블로그에 올리진 않았습니다. 다시 한번 읽어보면서 퇴고를 거칩니다. 블로그 글쓰기 퇴고도 하면서 연수 복습도 가능하니 '일석이조'의 효과를 얻을 수 있었습니다.

[그림 3-32]

쌍쌤&이종대왕의 리얼 놀이로 푸는 초등 학급경영 연수 공부 - 음악&미술시간을 위한 교과,학습놀이 (50)

비례식 짝 찾기 놀이(수학 6학년 2학기 4단원) (33)

쌍쌤&이종대왕의 리얼 놀이로 푸는 초등 학급경영 연수 공부 - 짝 찾기 놀이(학습게임) (19)

쌍쌤&이종대왕의 리얼 놀이로 푸는 초등 학급경영 연수 공부 - 국어시간을 알차고 즐겁게 교과,학습놀이 (9)

쌍쌤&이종대왕의 리얼 놀이로 푸는 초등 학급경영 연수 공부 - 순발력, 유연성 향상 신체놀이 (13)

쌍쌤&이종대왕의 리얼 놀이로 푸는 초등 학급경영 연수 공부 - 신체 놀이3 (7)

쌍쌤&이종대왕의 리얼 놀이로 푸는 초등 학급경영 연수 공부 - 신체 놀이2 (16)

쌍쌤&이종대왕의 리얼 놀이로 푸는 초등 학급경영 연수 공부 - 신체 놀이 (24)

쌍쌤&이종대왕의 리얼 놀이로 푸는 초등 학급경영 연수 공부 - 어린이날 활용 놀이 (5)

쌍쌤&이종대왕의 리얼 놀이로 푸는 초등 학급경영 연수 공부 - 협력놀이 (5)

쌍쌤&이종대왕의 리얼 놀이로 푸는 초등 학급경영 연수 공부 - 셀프 스피드 퀴즈 (3)

블로그에 '연수' 게시판을 만들고 꽤 열심히 글을 올렸습니다. 지금 보니 연수를 열심히 들었다는 증거가 되기도 하네요.

[그림 3-33]

오늘은 연수에서 배운 내용을 수업에 적용해 보았습니다.

두 '비'가 짝이 되어 '비례식'을 이루기 때문에, 학습과 놀이를 함께 할 수 있었습니다. 비례식의 성질(외항의 곱과 내항의 곱은 같다)나 비의 성질(전항과 후항에 똑같은 수를 곱하거나 나누어도 비율이 변하지 않는다)을 연습할 수 있는 학습 놀이였습니다.

먼저 한글 파일로 비가 적혀 있는 쪽지를 만듭니다.

제가 근무하는 학교는 소규모 학교라 아이들이 등교를 하기 시작했고, 연수에서 배운 걸 적용할 수도 있었어요. 그래서 생생한 후기를 남길 수 있었습니다.

[그림 3-34]

이렇게 하니 훨씬 남는 게 많더라고요. 아이들이 등교를 시작하면서 결국 30차시 연수를 끝까지 마무리하진 못했지만, 이때 정리하고 적용했던 교실 놀이는 지금까지도 기억하며 꾸준히 활용하고 있습니다.

오프라인 연수도 마찬가지입니다. 온라인처럼 실시간으로 필기하지는 못하지만 블로그 '임시저장 기능'을 활용해 키워드를 적어 두곤 합니다. 그리고 집에 돌아와 후기를 완성해요.

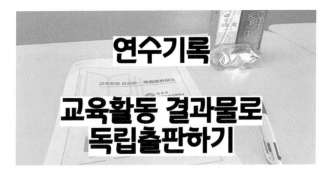

[그림 3-35]

연수기록

교육활동 결과물로 독립출판하기

교직 경력 18년이시지만, 육아휴직을 길게 하셔서 신규나 다름없다는 겸손한 강사님. 지금은 연구원 파견을 나와 계시면서 또 다른 독립출판 계획을 세우고 계신답니다.

고등학교 교사로서, 문학 영재 지도교사로서 아이들 작품을 묶어서 독립출판을 해오셨는데요. 강사님이 독립출판을 하셨던 경험을 그대로 전수해 주셨습니다.

'부크크' 사이트를 통한 출판 과정, 인디자인을 활용한 책표지 디자인하기, unsplash 사이트에서 표지 디자인용 사진 활용하기, freepik 사이트에서 내지 디자인용 사진 활용하기 등 제가 어렴풋이 알고 있었던 내용들을 자세히 설명해 주셨습니다. 마지막으로는 1인 1책 만들기를 할 수 있는 '하루북'이란 애플리케이션도 소개해 주셨는데요.

중요 키워드를 읽으면 연수 내용을 떠올릴 수 있어서 후기 작성에 큰 도움이 됩니다. 아무래도 현장에서 연수 교재에 끄적이는 필기보다는 블로그에 적는 것이 보관과 복기에 더 좋습니다. 책꽂이에 꽂아둔 연수 교재를 펼쳐서 확인하는 것보단 블로그를 열어보는 것이 훨씬 빠르니까요.

거기에 다짐할 내용을 '공언' 형식으로 남기면 연수가 나의 습관과 생활을 바꾸기도 해요.

○ ○ ○ ○ ○ ○ ○ ○ ○ ○ ○ ○ ○ ○ ○ ○ ○ ○   **[그림 3-36]**

연수를 들으면서 올해는 독립출판이든, 전자책이든 책 한 권은 꼭 출판해야겠다는 다짐을 하게 되었습니다.

1. 아이들이 쓴 사자성어 4행시 일기 쓰기 묶기
2. 한 학기 한 권 읽기 수업 총정리 내용 정리
3. 연구회 한 학기 한 권 읽기 워크북 정리

현재는 이 세 가지 내용이 떠올랐는데요. 독립출판 방법에 이어 전자책 출판 관련 공부도 조금 더 하면서 조만간 책 출판에 도전해봐야겠습니다.

[그림 3-36]은 '교육활동 결과물로 독립출판하기' 연수를 듣고 온 뒤 적어 둔 다짐입니다. 주제는 조금 달라졌지만, 이 연수 덕분에 〈폰카시〉란 독립출판 프로젝트 수업을 완성할 수 있었어요. 그리고 이 프로젝트 덕분에 출판사와 연결되어 제 첫 책 〈문해력 마법 학교: 동시〉 출간 제의도 받게 되었고요. 조금 과장하자면 블로그에 적기 시작한 연수 후기가 제 인생을 바꾼 셈입니다.

직무연수뿐만 아니라 개인적인 공부도 이렇게 블로그를 활용해 정리해 보세요. 스마트폰을 가지고 있다면 블로그는 언제 어디서나 쉽게 볼 수 있는 가장 훌륭한 공책이 될 겁니다.

3-9 좋은 글을 모아요

USB, 외장하드, 메일, 웹하드 등 어떤 저장 매체를 활용하더라도 저장 공간에 제한이 따릅니다. 하지만 블로그는 저장 용량이 따로 없어요. 글, 사진, 동영상을 무제한으로 올려 둘 수 있습니다. 공개를 원하지 않는 글이라면 '비공개' 설정으로 나만 볼 수 있으니 다양한 자료를 올려 두면 나만의 보물창고로 만들 수 있어요.

저는 독립출판으로 아이들 시집을 출간하기 시작하면서 블로그에 좋은 동시를 모으고 있습니다.

[그림 3-37]

좋은 시 모음 77개의 글

글 제목

내가 채송화꽃처럼 조그마했을 때(이준관) - 비유표현, 어린 시절

오는 길(피천득) - 의태어

까치걸음 총총총(권지영) - 순우리말 동시

1학년(이안) - 숫자 동시

달보드레한 맛이 입 안 가득(권지영) - 순우리말 동시

수박 / 콩나물(이상교) - 말놀이시, 반복

기쁨의 비밀(이안) - 말놀이 동시

꽃마리 꽃말이(이안) - 말놀이, 꽃말

가을 스케치(이상원) - 가을, 자연, 비유

오늘 일기(이정석) - 가족, 아빠, 일기

희망사항, 눈치코치(박일환) - 말놀이 시

글쓰기 지도를 하면 할수록 좋은 예시에 대한 고민이 깊어집니다. 어떤 예시를 보여주냐에 따라 아이들 결과물이 달라지거든요. 그래서 아이들이 좋은 시를 쓰게 하기 위해선 좋은 동시를 자주 보여줘야 한다고 생각했어요. 그때부터 좋은 동시가 보이면 블로그에 정리하고 있습니다.

시나 글을 정리할 땐 시(글) 제목과 작가, 그리고 키워드를 함께 적어 두면 좋습니다. 글이 쌓이면 쌓일수록 제목과 카테고리 분류를 잘해놔야 나중에 활용하기가 쉬워져요. 아이들에게 '말놀이 동시'를 보여주고 싶다면 내 블로그에서 '말놀이'만 검색하면 금방 찾을 수 있습니다.

마지막 부분에는 시에 대한 제 생각이나 어떻게 활용할지 메모해 두어도 좋습니다. 활용하기 좋은 키워드를 잘 적어 둘수록 검색에 '걸릴' 가능성이 커집니다.

2023년도부터는 가정에 주간학습안내를 보낼 때 동시 한 편을 함께 보냈어요. 모둠 구성이 바뀐다는 걸 안내할 때는 이일숙 시인의 '짝 바꾸는 날'을, 국어사전을 배우는 주에는 이안 시인의 '일 년 동안 국어사전이 한 일'과 간단한 메모를 적어서 보냈어요. 이 시들은 제 블로그에서 찾아냈고요. 50개 정도만 모아두면 매주 좋은 동시를 가정과 함께 할 수 있게 됩니다.

어떤 선생님께서는 매일 아침 칠판에 좋은 글귀나 동시를 적어놓기도 하더군요. 이럴 땐 200개 정도가 필요한데 블로그에 정리하고 그때그때 찾아서 활용하면 됩니다. 매주, 매일이 아니더라도 아침 활동이나 수업 시간에 필사 활동을 위해 블로그 창을 띄워놓아도 좋습니다. 매번 좋은 글을 찾느라 드는 시간을 확 줄일 수 있겠지요.

[그림 3-38]

시화집 프로젝트 45개의 글 　　　　목록닫기

글 제목	조회수	작성일
땅감나무 - 권태응	77	2023. 5. 30.
오리 - 권태응	28	2023. 5. 29.
산 샘물 - 권태응	25	2023. 5. 29.
앵두 - 권태응	29	2023. 5. 25.
한동네 사람 - 권태응	23	2023. 5. 25.
무얼 먹고 사나 - 윤동주	22	2023. 5. 21.
조개껍질 - 윤동주	27	2023. 5. 21.
햇빛. 바람. - 윤동주	23	2023. 5. 21.
편지 - 윤동주	68	2023. 5. 16.
늙은 잠자리 - 방정환	19	2023. 5. 16.

아이들한테 과제를 줄 때도 좋았습니다. 자율 동아리 아이들과 저작권이 만료된 동시를 활용해 시화집 만들기 프로젝트를 운영했어요.

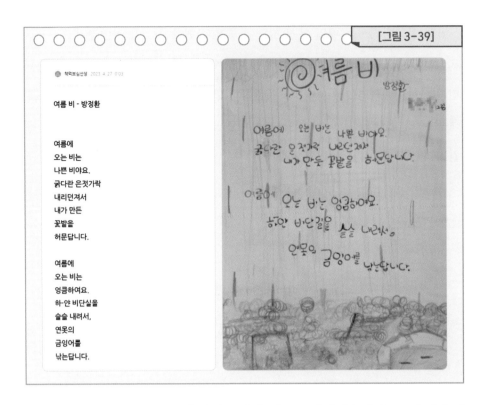
[그림 3-39]

블로그에 시를 모아 놓은 뒤 아이들에게 링크를 전달했습니다. 그럼 마음에
드는 시를 골라 시화로 표현했고요. 아이들이 시를 따로 찾거나 제가 종이에 출
력해 줄 필요 없이 블로그 링크만으로도 아이들에게 시를 보여줄 수 있어 간편
했습니다.

덕분에 저도 아이들도 시간 절약을 할 수 있었고, 〈동시를 그리는 아이들〉이
란 독립 출판 시화집을 출간할 수 있었어요.

어떤 선생님께서는 알림장 문구를 블로그에 공유하시기도 합니다. 초등 저학
년의 경우 알림장 쓰기가 많은 역할을 하고 있잖아요. 글씨 쓰기 연습, 맞춤법
지도, 준비물이나 과제를 스스로 챙길 수 있는 습관 형성에 도움이 되니 알림장
문구 정하는 것도 신경이 많이 쓰입니다.

그래서 '기본생활습관', '전염병 예방', '학교폭력예방', '등교 안전' 등의 키워드를 달아 매일 알림장 문구를 올려두면, 다른 선생님들은 물론 다음 해의 나 자신에게도 큰 도움이 됩니다. 몇 년 모으다 보면 골라 쓸 수도 있을 거고요.

당장 수십, 수백 개의 글을 모으라는 소리는 아닙니다. 하지만 시작하지 않으면 쌓일 일도 없습니다. 지금부터라도 학급 경영, 수업에 활용할 수 있는 좋은 글을 모아보세요. 나만의 보물창고가 되는 것은 물론, 다른 사람들도 찾으러 오는 보물섬이 될 것입니다.

교사,
블로그를 하다.

3-10 교실의 역사를 기록하다

겨울방학은 아이들의 흔적을 지우는 시간입니다. 교실에 남겨진 학생 작품이나 물건을 정리하고, 학급 소통 플랫폼(네이버 밴드, 하이클래스, 클래스123)은 새 학년을 위해 삭제합니다. 스마트폰을 새로 바꿨거나 저장 공간을 확보하기 위해서, 이전에 가르쳤던 아이들 사진은 시간이 지날수록 하나둘 사라집니다.

선생님들은 정말 많은 아이들을 만납니다. 저는 주로 작은 학교에 있었기 때문에 담임을 맡았던 아이들 수를 다 더해봐야 200명 정도밖에 되지 않아요. 그래서 예전에는 별다른 기록이 없어도 아이들과의 추억은 절대 잊지 않을 줄 알았습니다. 하지만 이젠 어제 있었던 일도 가물가물하기도 합니다. 그래서 기록의 중요성을 더 많이 느끼는 요즘이에요.

○ ○ ○ ○ ○ ○ ○ ○ ○ ○ ○ ○ ○ ○ ○ ○

기즐원 찡샘
jun71200

아이들에게 배려와 존중
을 가르치는 기즐원찡샘입
니다.

프로필▶

서로이웃

category ∧

⊟전체보기 (6090)
☑2024 한전기즐원 6학년 🔟
☑2023 한전기즐원 6학년
☑2022 한전기즐원 6학년 (239)
☑2021 한전기즐원 6학년 (217)
☑2020 한전기즐원 6학년 (236)
☑2019 방산기즐원 6학년 (217)
☑2018 방산기즐원 6학년 (240)
☑2017 방산기즐원 1학년 (213)
☑2016 한전기즐원 1학년 (205)
☑2015 학습연구년 (380)
☑2014 한전기즐원 6학년 (210)

2023 한전기즐원 6학년 234개의 글　　　　　　　　　　　　목록닫기

글 제목　　　　　　　　　　　　　　　　　　　　　　　　　작성일

2024.1.8 한전기즐원 6학년 188일차 - 미디어촬영수업, 국악수업, 피자파티　　　2024. 1. 8

2024.1.5 한전기즐원 6학년 187일차 - 체육수업, 오미자 거르는 날, 저녁에 일… (1)　2024. 1. 8

2024.1.4 한전기즐원 6학년 186일차 - 사랑나눔 연탄배달봉사, 우준수 4, 졸업… (1)　2024. 1. 4

2024.1.3 한전기즐원 6학년 185일차 - 아름다운 마무리 프로젝트(부모님께 편… (1)　2024. 1. 4

2024.1.2 한전기즐원 6학년 184일차 - 양구체험학습(접시 채색하기), 우리가 준비…　2024. 1. 3

2023.12.29 한전기즐원 6학년 183일차 - 교실 정리, 우준수 2(우리가 준비하는 수…　2023. 12. 30

2023.12.28 한전기즐원 6학년 182일차 - 영어단어시험, 영어독해, 연극관람(… (1)　2023. 12. 28

2023.12.27 한전기즐원 6학년 181일차 - 영어단어시험, 영어독해, 영어원어민… (2)　2023. 12. 28

2023.12.26 한전기즐원 6학년 180일차 - 양구마을체험(컵케익 만들기 - 모룽이 …　2023. 12. 28

2023.12.22 한전기즐원 6학년 179일차 - 하얗게 불태운 다음 날…　　　　　2023. 12. 23

• 출처: 기즐원 찡쌤의 다양한 이야기

'기즐원 찡샘'은 학교 이야기를 정말 꾸준하게 쓰시는 교사 블로거입니다. 2014년부터 매해 담임을 맡은 학년의 카테고리를 만들어서 정말 하루도 빼놓지 않고 학교생활을 기록하고 계세요. 덕분에 선생님 블로그를 보고 있으면 개학 1일 차부터 종업(졸업)일까지 어떤 수업을 했는지, 어떤 일이 있었는지 정말 자세히 알 수 있습니다.

정말 대단하다는 말밖에 나오지 않습니다. 하지만 이 꾸준함 덕분에 '기즐원 찡샘'은 아이들을 영원히 기억하고 추억하실 수 있을 거예요.

물론, 이렇게 매일 기록하는 게 쉬운 일은 아닙니다. 너무 부담스럽다면 '주간 일기' 형식으로 남기시는 것도 좋습니다. 2023년 네이버 올해의 블로거 '우연샘'은 일주일에 한 번씩 교단 일기를 올리고 계세요.

[그림 3-41]

2023교단일기(5-3) 44개의 글　　　　　　　　　　　　　목록닫기

글 제목　　　　　　　　　　　　　　　　　　　　　　작성일

[교단일기] 1.2.(화)~1.5.(금) 끝이 아닌 새로운 시작　　　　　2024. 1. 13

[교단일기] 12.26.(화)~12.29.(금) 내년에 만나요!　　　　　2024. 1. 4

[교단일기] 12.18.(월)~12.22.(금) 양후반 Forever🖤　　　　2023. 12. 30

[교단일기] 12.11.(월)~12.15.(금) 미리 크리스마스　　　　　2023. 12. 24

[교단일기] 12.4.(월)~12.8.(금) 오래된 노래　　　　　　　　2023. 12. 18

[교단일기] 11.27.(월)~12.1.(금) 말, 말, 말! (12)　　　　　　2023. 12. 7

[교단일기] 11.20.(월)~11.24.(금) 좋은 우정을 싣고　　　　2023. 12. 4

[교단일기] 11.13.~11.17.(금) 달콤한 나날　　　　　　　　　2023. 11. 26

[교단일기] 11.6.(월)~11.10.(금) 꿈을 꾸다, 미래를 그리다!　2023. 11. 16

[교단일기] 10.30.(월) ~ 11.3 (금) 조롱조롱 가을　　　　　2023. 11. 11

　일주일 동안 있었던 일 중에 가장 기억에 남는 일이나 사진이 정말 간단하게 정리되어 있어요. 수업 결과물이나 후기보다는 아이들과의 생활과 관련된 에피소드를 많이 적고 계세요. 교단 일기를 적으면 적을수록 아이들을 한 번 더 관찰하고 생각하게 되는 효과가 있겠지요. 아이들과의 추억이 쌓이는 건 덤이고요.

　저는 아직 교실 일기, 혹은 교단 일기를 적고 있지는 않아요. 대신 체육대회, 체험학습, 교생 실습, 스승의 날, 졸업식 등 굵직한 행사 기록은 남기려고 노력 중입니다.

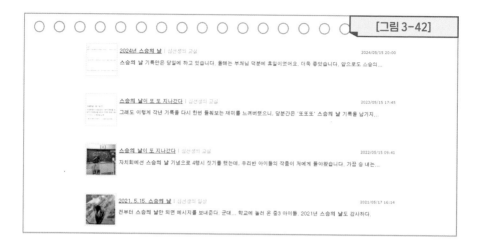
[그림 3-42]

| 2024년 스승의 날 | 심선생의 교실 | 2024/05/15 20:00 |

2024년 스승의 날 심선생의 교실
스승의 날 기록만은 당일에 하고 있습니다. 올해는 부처님 덕분에 휴일이었어요. 더욱 좋았습니다. 앞으로도 스승의...

스승의 날이 또 지나갔다 심선생의 교실 2023/05/15 17:45
그래도 이렇게 작년 기록을 다시 한번 돌춰보는 재미를 느껴버렸으니, 당분간은 '또또또' 스승의 날 기록을 남기지...

스승의 날이 또 지나갔다 심선생의 교실 2022/05/15 09:41
자치회에선 스승의 날 기념으로 4행시 짓기를 했는데, 우리반 아이들의 작품이 저에게 돌아왔습니다. 가끔 승 내는...

2021. 5.15. 스승의 날 심선생의 일상 2021/05/17 16:14
전부터 스승의 날만 되면 메시지를 보내준다. 군대... 학교에 놀러 온 중3 아이들. 2021년 스승의 날도 감사하다.

스승의 날 관련 기록은 4년째 적고 있어요.

네이버 블로그에는 'n년 전 오늘' 글을 공유할 수 있는 기능이 있어요. 과거의 내가 같은 날짜에 뭘 했는지 알 수 있고, 이 추억을 공유하며 감상을 보태 새로운 글을 쓸 수도 있습니다. 꼭 지난 글을 공유하지 않더라도, 지나온 발자취를 확인하기 좋은 기능이에요. 특히 스승의 날처럼 날짜가 정해진 기념일에 글을 올리면, 매년 내가 뭘 했는지 떠올리기 쉬워집니다.

[그림 3-43]

블로그를 계속하는 한 스승의 날 기록은 그날 바로 하려 합니다. 아이들의 편지, 칠판 낙서, 옛 제자들의 연락 등 기억해두면 좋을 것들을 빠짐없이 남길 계획입니다.

졸업식이나 종업식 기록도 꼭 남겨야 할 일 중 하나예요. 저는 주로 6학년 담임을 했기 때문에 졸업식 기록을 남겼어요. 특히 코로나19와 함께 한 3년의 기록은 지금 봐도 보는 재미가 있네요.

[그림 3-44]

안녕하세요. 책먹보심선생입니다.

다사다난한 2020학년도가 마무리 되었습니다.

1월 8일 금요일은 졸업식이 있는 날입니다.

갑작스런 사회적 거리두기 단계 격상으로 학년말을 온라인 수업으로 보냈는데요.

졸업식 또한 여러 고민 끝에 아이들이 학교로 오지 않는 것으로 결정했습니다.(졸업식 가운도 다 사 놓았는데, 1년 뒤에나 개시를 하겠네요ㅠㅠ)

줌으로 간단한 인사와 축하 영상을 시청하고, 졸업 꾸러미를 만들어 담임이 직접 집으로 배달하는 것으로 말이죠.

코로나19 첫해 졸업식에는 온라인으로 졸업식을 거행하고 졸업장과 선물은 제가 아이들 집으로 직접 배달을 갔었어요. 학교에 졸업생이 없는 졸업식이라니!

[그림 3-45]

노래 제창이 힘들기 때문에 애국가와 교가는 생략, 졸업식 노래는 듣기만 했습니다.

졸업식이 끝나고는 사진을 열심히 찍었습니다. 단체도 찍고 학사모도 날려보고, 개인 사진도 잔뜩 찍어주었네요. 졸업식에 참가하지 못하신 가족들께 보여드리라고 찍은 사진은 바로 출력해서 아이들 손에 들려 보냈습니다. 아쉬움이 조금이라도 가셨으면 좋겠네요.

다음 해에는 아이들만 데리고 마스크를 쓰고 졸업식을 했어요. 이때 학교마다 졸업식을 어떻게 할지 고민을 많이 했던 기억이 나네요.

[그림 3-46]

2022년에는 마스크도 여전하고, 교실에서 아이들하고만 진행한 졸업식이지만 보호자님들을 위해 운동장을 개방했어요. 졸업식장은 아니지만 졸업의 추억을 남기시라고 포토존을 설치하기도 했었네요.

[그림 3-47]

선생님
존경합니다.
사랑합니다.
♥

최고의 선생님상

6-3반
심재준 선생님

언제 준비했는지, 저에게도 상장을 하나 전달했습니다. '최고의 선생님상'이라니.

여기선 저도 참 많이 뭉클했습니다. 화도 많이 내고, 시와 글을 짜내기도 하고, 표현도 잘 안 하는 무뚝뚝한 담임이었
는데, 이렇게 생각해 주었다니 정말 고맙더라고요. 가장 기억에 남는 졸업 선물이 아닐까 싶습니다.

아이들은 저에게 또 한 번의 감동을 줬고요. 글을 쓰기 위해 블로그를 뒤적이
다 괜히 또 감상에 빠졌네요.

매일, 매주 교실 일기를 쓰시는 분들은 블로그에 더 많은 추억과 즐거움이 담
겨 있을 겁니다. 부담스럽다면 다가오는 굵직한 행사부터 하나씩 기록해 보세
요. 교실의 기록이 쌓이면, 선생님의 역사도 쌓일 거예요.

교사,
블로그를 하다.

여느 때처럼 수업을 마치고 쉬는 시간, 교육청 메신저로 쪽지가 들어왔습니다.

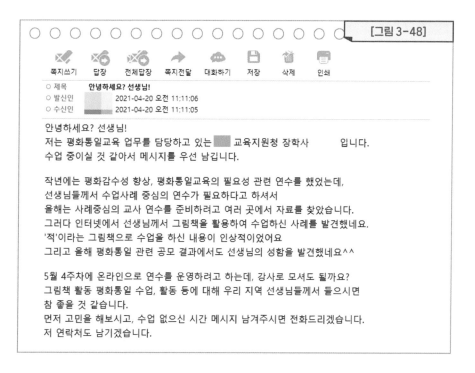

[그림 3-48]

쪽지쓰기 답장 전체답장 쪽지전달 대화하기 저장 삭제 인쇄

○ 제목   **안녕하세요? 선생님!**
○ 발신인   2021-04-20 오전 11:11:06
○ 수신인   2021-04-20 오전 11:11:05

안녕하세요? 선생님!
저는 평화통일교육 업무를 담당하고 있는 ▇▇ 교육지원청 장학사 ▇▇▇ 입니다.
수업 중이실 것 같아서 메시지를 우선 남깁니다.

작년에는 평화감수성 향상, 평화통일교육의 필요성 관련 연수를 했었는데,
선생님들께서 수업사례 중심의 연수가 필요하다고 하셔서
올해는 사례중심의 교사 연수를 준비하려고 여러 곳에서 자료를 찾았습니다.
그러다 인터넷에서 선생님께서 그림책을 활용하여 수업하신 사례를 발견했네요.
'적'이라는 그림책으로 수업을 하신 내용이 인상적이었요
그리고 올해 평화통일 관련 공모 결과에서도 선생님의 성함을 발견했네요^^

5월 4주차에 온라인으로 연수를 운영하려고 하는데, 강사로 모셔도 될까요?
그림책 활동 평화통일 수업, 활동 등에 대해 우리 지역 선생님들께서 들으시면
참 좋을 것 같습니다.
먼저 고민을 해보시고, 수업 없으신 시간 메시지 남겨주시면 전화드리겠습니다.
저 연락처도 남기겠습니다.

지역교육청 장학사님께서 제가 블로그에 남긴 그림책 수업 사례를 보고 메시지를 주신 거였어요. 연수 기획을 위해 인터넷 검색을 하던 중 우연히 수업 후기를 발견하셨고, 블로그에서 학교와 제 이름을 발견하셔서 연락을 주신 모양이었습니다.

이전까지 교사 대상으로 연수를 진행한 경험은 있었지만, '그림책' 관련해서는 경험이 없었어요. 그래도 전 무조건 '네'를 외쳤습니다. 제가 블로그에 올린 글이 연수를 기획하시는 장학사님에겐 한 줄기 빛이었을 테니까요. 또한 셀프 브랜딩을 목표로 하는 저로서는 제 강의 목록에 '그림책'을 추가할 수 있는 좋은 기회라고 생각했습니다.

연수 약속을 잡았으니 바로 강의 자료 만들기에 들어갑니다. 바로 제 블로그를 열었습니다. 연수 주제인 '평화'와 '통일'을 검색하고 제가 했던 수업 후기를 살펴봤어요. 제가 올린 모든 글이 훌륭한 강의 소재가 되었습니다.

[그림 3-49]

예전에 썼던 글을 훑어보며 괜찮은 사진을 내려받아 강의 자료를 만들었습니다. 블로그에 쓴 글을 정리하니 대본이 되었고요. 블로그 덕분에 강사 제의를 받고, 블로그로 강의 자료도 만들어 연수를 잘 마무리할 수 있었습니다.

이 일은 블로그에 올린 글이 누군가에게 도움이 될 수도 있다는 걸 깨닫는 계기가 되었어요. 이전까지는 제가 만든 수업 자료만 쓸모가 있으리라 생각했거든요. 이후에는 더욱 자신감을 느끼고 수업 자료뿐만 아니라 각종 수업 후기도 블로그에 올리려고 노력합니다. 그럼 이 후기가 또 다른 연수의 강의 자료가 될 수 있어요.

[그림 3-50]

지난주에는 두 개 연수의 강사로 활약(?) 했습니다.

먼저 홍천에 있는 작은 학교의 더배움 공동체 연수에서 독립 출판으로 학생 작가 만들기와 그림책 활동 두 가지 주제로 강의를 했어요.

작년에 같이 근무했던 부장님께서 제가 강의했던 자율 장학 연수(독립 출판+그림책 활동)가 기억나셨다면서, 초대를 해주셨어요.

연수 강사로 다녀오면 후기도 꼼꼼하게 남깁니다.

[그림 3-51]

또 실제로 몇몇 활동은 함께 해봤는데, 어떤 연수보다 유쾌한 대답을 해주셔서 저도 많이 배울 수 있었습니다.

특히 교장 선생님께서 두 시간 남짓한 연수 시간 내내 열심히 연수에 참여해 주시고, 쉬는 시간에는 독서교육에 대한 다양한 질문도 해주셨습니다. 최근 2022 개정 교육과정에 독서교육이 축소된다는 이야기가 있는데, 한참 그와 관련한 이야기를 나누었습니다. 과연 앞으로 어떻게 될지 걱정이 많이 되긴 하더라고요.

다음 주에도 같은 주제로 다른 학교에서 강의가 있습니다. 오늘 강의를 복기하며 다음 연수 때는 조금 더 정련된 내용을 공유하고 돌아와야겠습니다^^

같은 주제로 다른 곳에서 강의할 때 정말 많은 도움이 돼요. 연수를 듣는 분들께서 어떤 활동에 적극적이었는지, 어떤 내용을 추가하거나 빼야 하는지 적어두면 다음 연수에 적극적으로 반영할 수 있습니다.

그리고 연수에 가면 꼭 제 블로그 이야기를 합니다. 저를 가장 잘 설명할 수 있는, 가장 강력한 요소라고 생각하기 때문이에요. 연수를 듣는 분들이 제 블로그를 자세히 보지 않더라도 그동안 써놓은 1,400여 개의 글과 30만 명 정도의 방문자를 보고 강사에 대한 신뢰를 갖게 만들 수 있습니다.

만약 연수가 좋아 블로그에 한 번 더 들어가 본다면 더욱 좋습니다. '한 학기 한 권 읽기 수업' 주제로 연수를 하러 갔지만, 제 블로그를 본 다른 분은 '그림책' 관련 주제에 관심을 가질 수도 있어요. 혹은 독립출판 작업 모습을 보고 더 자세히 알고 싶은 마음이 생기는 분이 있을 수도 있고요.

이것이 또 인연이 되어 다른 주제 다른 곳에서 연수 요청이 들어오기도 합니다. 블로그로 시작해 블로그로 끝나고, 또다시 블로그로 시작하는 선순환 구조를 만들 수 있는 것이죠. 아직 부족한 점이 많지만, 제가 근무하는 지역에선 저를 안다는 분들이 조금씩 늘어나고 있습니다. 다 블로그 덕분입니다.

블로그를 시작하기 전까지는 제가 선생님들을 대상으로 한 연수 강사를 할 것으로 생각하지 못했어요. 그런데 이제는 어디 불러주는 곳이 없나 기대하고, 여기저기 홍보하는 적극적인 사람이 되었습니다.

물론, 블로그 시작과 연수 강사로서의 시작이 우연히 겹쳤을 수도 있어요. 그냥 자연스레 그 정도의 경력이 돼 있었을지도 모를 일입니다. 하지만 이제 블로그는 제 강의와 뗄 수 없는 사이가 되었습니다. 블로그에 정리한 내용으로 강의 자료를 만들고, 강의 후기를 적고, 그 글을 보고 연수 섭외를 받고 있으니까요.

여러분이 적는 블로그 글이, 나중에 어떤 결과를 만들지 아무도 모릅니다. 일단 여러분의 경험을 적기 시작하세요. 그 경험이 모이면 두 시간짜리 연수로 탈바꿈할 겁니다.

교사,
블로그를 하다.

3-12 기고를 하다

'기고'는 어떤 사람들이 하는 걸까요? 유명 작가나 저명인사들만 한다고 생각하시나요?

국어 사전에서 '기고'의 뜻을 찾아보면 '신문, 잡지 따위에 싣기 위하여 원고를 써서 보냄. 또는 그 원고'라고 나옵니다. 누가 써야만 하는지, 얼마나 잘 써야 하는지는 정의하지 않고 있어요. 신문이나 잡지에 원고를 써서 보내는 그 자체를 기고라고 부르는 것이죠.

예전에는 신문과 잡지의 수가 한정되어 있었기에 필요로 하는 글의 수도 적었어요. 그렇기에 어딘가에 기고를 한다는 건 흔히 찾아오는 기회가 아니었습니다. 하지만 요즘은 그렇지 않습니다.

신문이나 잡지도 온라인 형태가 많아졌고, 각 기관 역시 홈페이지는 기본에 블로그와 유튜브도 운영하고 있습니다. 당연히 기고의 기회도 많아질 수밖에 없어요.

저 또한 소속 교육청 블로그에 글을 기고하고 있습니다.

[그림 3-52]

한 학기 한 권 읽기로 장애에 대한 질문 던지기 3 | 학교에서 책읽기		2023/07/12 14:33
아이들의 독서 기록을 눈으로 확인해 보고 싶으시다면 책열매를 활용해 보셔도 좋을 것 같습니다. 삼재근 선생님		
〈꼭 안으면 들리는〉 장애에 대한 질문 던지기 두번째이야기 | 학교에서 책읽기		2023/07/06 11:21
더 열심히 준비를 하게 만드는 원동력이 됩니다. 남은 수업도 잘 마무리할 수 있도록 힘내야겠습니다^^ 삼재근 선생님		
한 학기 한 권 읽기로 장애에 대한 질문 던지기 | 학교에서 책읽기		2023/06/29 12:54
얼른 다음 부분을 읽고 싶다는 아이들의 마음이 수업 끝까지 이어졌으면 좋겠네요^^ 삼재근 선생님		
독서 습관 기르기 - 책의 종류, 몰입 편 | 학교에서 책읽기		2023/05/23 10:51
얼마나 몰입하는지 살펴보고 결정해야겠습니다. ▼ 이전 글 링크 https://blog.naver.com/gwedu_ssam/223063380304 삼재근 선생님		
4월 23일은 세계 책의 날이었습니다 | 학교에서 책읽기		2023/05/08 10:58
세계 책의 날은 지났지만, 5월엔 아이들과 책과 관련한 활동 하나씩 해보시면 좋겠습니다^^ 삼재근 선생님		
책 추천서를 써요! | 학교에서 책읽기		2023/04/11 10:32
이 아이디어가 활동으로 이어지길, 혹은 다른 선생님들의 수업에 조금이라도 도움이 되기 바랍니다^^ 삼재근 선생님		
독서 습관 기르기 | 학교에서 책읽기		2023/04/03 14:36
그런 마음으로 1학기를 보내렵니다. 다음 시간부터는 저도 함께 책을 읽어야겠네요^^ 삼재근 선생님		

첫 시작은 역시 블로그 덕분이었어요. 소속 교육청 블로그에서 교사 집필진을 구한다는 포스팅을 보게 되었습니다. 제가 이웃 추가한 블로그는 교육청이 운영하는 두 개의 블로그 중 하나인데, 공식 블로그와 다르게 교사들만 글을 올릴 수 있었어요. 교사들에게 도움이 될만한 정보를 주로 다루는 블로그였거든요.

그렇기에 집필진의 조건은 딱 하나였어요. 블로그를 통해 교실 이야기를 나누거나 교육 자료를 공유할 수 있는 '교사'면 가능하다는 것이었죠. 그래서 가벼운 마음으로 제 블로그에 올렸던 독서교육 관련 내용을 편집하여 제출했습니다. 그리고 교육청 블로그에 글이 업로드되었고요.

이 인연으로 2020년부터 지금까지 약 40개의 글을 기고해 왔습니다. 그동안 많은 분들이 집필진에 새로 합류하셨어요. 제가 알기로는 신청하신 모든 분이 집필진에 합류하시고, 또 글을 올리고 계십니다.

저처럼 자신의 블로그나 브런치 등의 플랫폼에 같은 글을 동시에 올리시는 분도, 다른 활동은 하지 않고 교육청 블로그에만 글을 남기시는 분도 계십니다. 꼭 자신의 글쓰기 플랫폼 없이도 기록을 남길 수 있다는 뜻이에요.

물론, 개인적으론 자신의 블로그를 통해 글쓰기 연습을 꾸준히 하는 것이 가장 좋다고 봐요. 요즘 '글쓰기 근육'이란 말을 많이 접하곤 합니다. 규칙적인 운동을 통해 몸에 근육을 키우듯, 글쓰기도 규칙적으로 쓰다 보면 근육이 붙는다는 이야기예요.

근육이 붙는 속도야 사람마다 다르겠지만, 꾸준히만 한다면 누구든 글쓰기 실력을 향상시킬 수 있습니다. 거기에 성실한 '퇴고'가 더해지면 가속도가 붙을 것이고요. 기고의 힘은 여기서 나옵니다.

아무래도 제 블로그가 아닌 다른 곳에 기고할 때는 퇴고에 더 신경을 쓰게 됩니다. 기고할 주제를 찾기 위해 제 블로그 글을 읽으면서 한 번, 한글 파일로 옮기면서 또 한 번, 이렇게 두 번은 제 글을 더 읽게 됩니다. 쓸 때는 몰랐지만 시간을 두고 다시 보면 고칠 내용이 꼭 나와요. 헤밍웨이도 '모든 초고는 쓰레기다'라는 말을 남겼는데, 제 초고는 오죽할까요.

또 제 블로그와 기고할 곳에서의 말투도 달라질 수 있어요. 독자의 범위가 달라지는 때도 있고요. 이런 상황을 고려하며 글을 고치다 보면 한결 좋아진 글이 완성됩니다. 원고료를 받는 경우엔 공을 더 들여 여러 번 퇴고하기도 하고요.

원고료를 주지는 않지만 교사의 글을 기고하는 플랫폼도 많습니다.

전체 방문자가 10,000,000명을 넘어서는 'EduColla(에듀콜라)'는 꽤 유서 깊은 커뮤니티입니다. '교육을 주제로 다양한 생각을 나누고, 교육을 바라보는 사람들의 따뜻한 협업'을 기본 정심으로 삼고 있어, 정말 다양한 이야기를 접할 수 있는 공간입니다. 오랜 기간 기고하신 선생님들도 많고, 내공이 상당한 글을 접할 수 있습니다.

교사 커뮤니티에 글을 올리는 것 역시 일종의 기고입니다. 블로그에 글을 쓰고 링크만 올리는 것이 아니라, 블로그 내용을 바탕으로 한 번 더 퇴고한 글을 올립니다.

아예 커뮤니티에만 글을 올리기도 합니다. 제 블로그는 선생님들뿐만 아니라 다양한 사람들이 들어오기 때문에 표현에 제한이 생기기도 해요. 그래서 커뮤니티에만 글을 쓰기도 합니다.

[그림 3-53]

사실 이 책의 초고는 교사 커뮤니티에 처음 공개했었어요. 혼자 원고를 쓰다가 선생님들의 반응을 보고 싶었거든요. 역시나 이때도 한글 파일에 있는 원고를 커뮤니티로 옮길 때 한 번 더 퇴고를 마쳤습니다. 그리고 선생님들의 댓글을 참고하여 또 한 번 내용을 추가하거나 빼기도 했고요.

결국 기고를 통해 응원과 퇴고의 기회를 얻어 한 권의 책으로 탄생할 수 있었습니다. 이 정도면 기고할 만하지 않나요?

교사,
블로그를 하다.

보고서가 뚝딱

학교에 안 바쁜 날이 없긴 하지만 학기 초와 학기 말은 정말 정신이 없습니다. 1학기 초에는 1년의 계획을 세우느라, 2학기 말에는 1년을 마무리하는 일로 바쁩니다. 특히 업무나 담임으로서 운영한 사업의 보고서를 정리하는 일은 정말 손이 많이 갑니다.

운영 내용을 정리하는 것부터 활동사진을 넣는 것까지 기억을 여러 번 더듬어야 합니다. 기억만 더듬으면 다행입니다. 스마트폰과 PC 사진 폴더를 한참 뒤지다 원하는 사진을 얻지 못해 화가 날 때도 있어요.

그래서 저는 중요 행사가 마무리되면 블로그에 글로 정리해 둡니다. 연말이 기한인 보고서를 미리 쓰는 건 불가능할지 몰라도, 내 블로그에 남기는 건 심적으로 조금 더 수월해요. 저 스스로 블로그 글쓰기에 마감을 정했으니까요.

작년엔 문화예술부장을 맡아 시에서 교육경비를 지원받았어요. 교육청 예산에 비해 교육경비 사업은 정산 보고서 작업이 까다로운 편이에요. 그래서 교육

경비가 들어간 행사 후기를 모두 적기 시작했어요.

[그림 3-54]

문화예술부장 업무 일지 - 곡예사 공연(2023. 11. 17.) | 수업 자료와 후기   2023/11/20 20:05
문화예술부장 업무 일지도 벌써 네 번째 글이네요. 이번엔 1,2학년군과 3,4학년군이 같은 공연을 관람하기로 했어요....

문화예술부장 업무 일지 - 예술제(혹은 학예회) | 심선생의 교실   2023/11/25 07:52
문화예술부장으로서 2023년 가장 큰 업무였던 예술제(학예회)가 끝났습니다!! 남녀자로서 하는 것 없이 마음만...

문화예술부장 업무 일지 - 서찰을 전하는 아이 공연(2023. 11. 24.) | 수업 자료와 후기   2023/11/29 20:04
만약 내년에도 같은 **업무**를 맡고, 같은 예산을 받을 수... 2023년 **문화예술부장**으로서 큰 행사는 모두 끝났네요. 이제...

문화예술부장 업무 일지 - 버블쇼 공연(2023. 9. 25.) | 수업 자료와 후기   2023/10/04 20:35
제 업무는 이제 시작입니다. 2학기 시작과 함께 시 예산 3... 시작이 풍으니 2학기 **문화예술부** 행사가 모두 잘...

문화예술부장 업무 일지 - 공연 2회 운영(2023. 10. 26.) | 수업 자료와 후기   2023/10/29 11:01
이날은 1,2학년 군과 3,4학년 군이 공연을 관람했어요. 함께 관람한 것이 아니라 10시에 한 번, 1시에 한 번 총 2회...

문화예술부장 업무 일지 - 힐링 매직쇼 공연(2023. 10. 13.) | 수업 자료와 후기   2023/10/17 19:59
맛보기 버블쇼 공연을 잘 마무리하고, 이제 본 공연이 시작되었습니다. 6번의 공연 중 첫 번째는 5,6학년 학생들...

행사명과 날짜를 제목으로 정하고 잘 나온 사진과 내용을 정리합니다.

[그림 3-55]

무엇보다 무대를 넓게 쓰셔서 아이들과 호흡하는 모습이 정말 좋았습니다. 한 편으론 이 공연을 우리 3학년 아이들을 앞으로 보냈다면 더 좋았겠단 생각이 들었어요. 4학년 아이들이 정말 좋아했거든요.

그리고 특이사항이나 아쉬웠던 점, 자리 배치 등 나중에 업무를 처리할 때 기억해두면 좋을 것도 적어두었어요.

[그림 3-56]

그래서 학년 군 별로 두 번씩 공연 관람 기회를 주고, 번갈아가며 앞자리에 앉도록 했어요. 조금이라도 속상한 마음이 가실 수 있게 말이죠. 덕분에 이날 공연은 3학년이 뒤에서 보는 거였어도, 별다른 불만이 없었어요. 다음 공연엔 3학년이 앞에 앉을 거니까요^^

오늘도 아침부터 공연장 자리를 배치했어요. 공연팀도 아침 일찍부터 무대 세팅이 분주했고요. 그래도 일부러 10시로 공연 시간을 잡아서 아이들 모두 제시간에 착석해서 즐겁게 관람을 했어요.

이렇게 정리해 두니까 학년말에 보고서 작성이 정말 쉬워졌어요. 정산 보고서에 들어갈 사진, 운영 내용, 개선점 등을 블로그만 뒤져 보면 금방 채울 수 있으니까요.

저는 학급 담임으로서 교육청 공모 사업에도 많이 참여하고 있어요. 주제만 잘 정하면 제가 꾸준히 하고 싶은 학급 특색 교육에 큰 도움을 받을 수 있거든요. 물론, 평소에 일이 더 늘어나기는 하지만 블로그 덕분에 적어도 보고서에 대한 부담은 적은 편이에요.

[그림 3-57]

2020년부터 꾸준히 신청하고 있는 교육청 공모 사업(통일 교육 동아리) 활동도 블로그에 운영 모습을 남기고 있어요. 그리고 이 글들을 종합해 연말에 보고서를 쓸 때 도움을 받고 있습니다.

처음에는 '통일' 주제의 책을 활용한 한 학기 한 권 읽기 수업을 주제로 활동을 했었습니다. 작년에는 '통일' 관련 시화집 출간 활동과 접목해 프로그램을 운영했고요. 이제 블로그에 '통일'이란 낱말을 검색하면 80개 정도의 글이 나와요. 통일과 관련된 그림책이나 책 리뷰도 있지만 대부분 통일 교육 동아리 활동 모습을 정리한 글입니다. 이렇게 블로그에 글을 남기니 보고서 작성에도 도움이 되지만 운영 모습의 변화도 느낄 수 있어요.

교사들은 한 가지 업무를 꾸준히 맡기가 쉽지 않잖아요. 블로그에 업무 관련된 내용을 잘 정리해 두면, 같은 업무를 또 맡았을 때 도움을 받을 수 있어요. 그게 몇 년이 지난 뒤라도 말이죠.

[그림 3-58]

사회자 없는 예술제를 위해 미리 소개 영상을 받아 PPT로 취합했어요. 이건 아이디어를 내 주신 부장님(혹은 내 동기)께서 만들어 주셔서 정말 고마웠답니다. 여담이지만 부장 협의 할 때마다 동기가 함께 있다는 건 정말 힘이 되는 일이에요.

전체 분위기도 좋았어요. 그런데 저학년 예술제는 리허설 없이 하는 첫날이라 실수가 참 많 았습니다. 아까 이야기한 자기소개 영상도 그랬지만, 조명 위치 파악을 잘못해서 아이들 얼 굴이 너무 그늘져 보이더라고요. 원래는 관람석 불을 다 끌 계획이라 야심 차게 야광봉도 준 비했는데, 얼굴이 너무 안 보여서 불을 켜고 할 수밖에 없었어요.

이렇게 세부적인 내용까지 계획서에 포함하기는 정말 쉽지 않습니다. 거기에 개인적인 감상을 공문에 남길 수도 없는 노릇이고요. 그렇기에 내가 남긴 블로 그 글이 그 어떤 인수인계보다 더 도움이 될 때가 생깁니다.

수업이든 업무든 기록은 정말 큰 힘이 됩니다. 우리는 꽤 길게 교사 생활을 할 테니까요. 블로그에 남긴 기록이 당장 올해 연말, 혹은 몇 년 뒤의 나에게 든든 한 보물상자가 되어줄 겁니다.

공적조서 작성, 기억에 의존하지 마세요

업무 보고서 작성과 마찬가지로, 표창을 위한 공적조서 정리에도 블로그의 도움을 받을 수 있습니다.

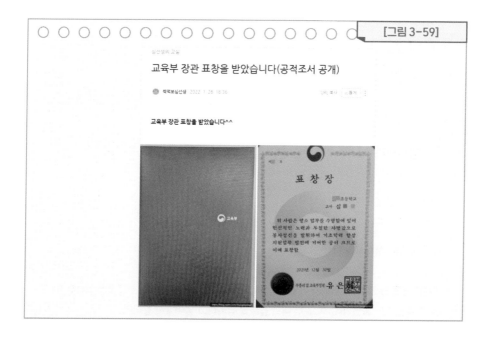

[그림 3-59]

감사하게도 2021년에 교육부 장관 표창을 받을 수 있었습니다. 학생 때까지만 해도 표창은 누가 주면 받는 것이었어요. 수상자는 따로 할 게 없었죠. 그런데 발령받고 학교에 와보니, '공적조서'란 걸 써야 하더군요.

공적조서란 '정부나 단체에서 어떤 사람에게 상을 줄 때, 그 사람에 대한 정보를 조사하는 서류 양식'을 말합니다. 이미 수상자가 결정되어 있든, 학교에서 한 명을 추천하든지 간에 공직조서를 작성해서 스스로 '공적'을 뽐내야 하는 것이죠. 이런 과정이 귀찮아 표창받을 기회를 포기하는 분들도 계세요. 힘들게 공적조서를 작성해도, 모두 표창을 받을 수 있는 수 있는 건 아니니까요.

저는 발령 첫 학교에서 교육장 표창, 두 번째 학교에서 교육감 표창을 받았어요. 역시나 공적조서를 작성해야 했고요. 생각보다 쉽지 않았습니다. 주변 선배들이 제출했던 양식을 받아 참고하고, 그동안의 교직 생활을 떠올리며 정말 힘들게 채웠던 기억이 납니다.

2021년에는 나름 교육활동에 최선을 다했다는 생각에 '스승의 날 유공', '예술교육 유공', '기초학력 향상 지원 업무 유공' 세 분야에 도전했어요.

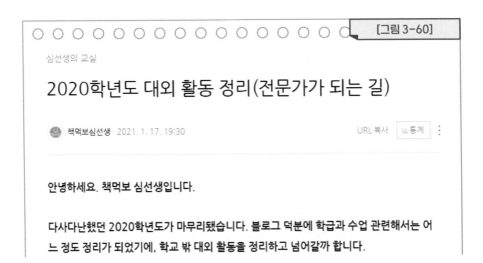

○ ○ ○ ○ ○ ○ ○ ○ ○ ○ ○ ○ ○ ○ ○ ○ ○ ○ [그림 3-60]

심선생의 교실

2020학년도 대외 활동 정리(전문가가 되는 길)

책먹보심선생　2021. 1. 17. 19:30　　　URL 복사　통계　⋮

안녕하세요. 책먹보 심선생입니다.

다사다난했던 2020학년도가 마무리됐습니다. 블로그 덕분에 학급과 수업 관련해서는 어느 정도 정리가 되었기에, 학교 밖 대외 활동을 정리하고 넘어갈까 합니다.

여기서 제가 말하는 대외 활동은 학교나 학급 내부 업무가 아니라 대외 사업, 혹은 개인적인 교육 활동들을 말합니다. 대외 활동을 하는 시간 때문에 학급 업무나 아이들에게 소홀해진다고 생각하는 분들도 있지만, 저 같은 경우에는 또 하나의 원동력이 된다고 생각합니다. 대외 활동을 통해 더 공부하게 되고, 공부한 걸 아이들과 함께 해보면서 말이죠.

그런 면에서 2020학년도에는 나름 열심히 도전한 한 해였습니다.

1. 기초학력 진단평가 기준 설정위원 및 기초학력 평가 문항 검토위원

이제는 의무 사항은 아니지만, 대부분의 지역에서 기초학력 진단평가를 실시합니다.

공적조서 세 개를 썼지만, 예전보다 훨씬 수월했어요. 블로그에 제가 했던 활동을 다 적어 두었기 때문이에요. 1년을 마무리하면서 수업이나 학교 내 활동이 아닌 대외 활동 내용을 정리해 둔 것이 큰 도움이 됐죠.

[그림 3-61]

제목이 아니더라도 글쓰기를 할 때 일정한 '태그'를 넣어두면 검색이 쉬워져요. '기초학력 향상 지원 업무 유공' 표창 공적조서니 '기초수학'이나 '기초학력'을 검색했어요. 꽤 많은 글이 나오더라고요. 덕분에 공적조서 양식에 활동 내용은 물론 날짜까지 적을 수 있었어요.

　　기억력이 좋거나 글쓰기 실력이 훌륭하다면 공적조서 쓰는 게 별일이 아닐 수도 있습니다. 하지만 표창을 위한 일이고 꽤 많은 분량을 채우려면 정확한 기록이 필요할 수밖에 없어요. 이럴 때 블로그가 얼마나 큰 힘이 되는지 몰라요.

　　블로그에 기록이 쌓이면 여러분의 역사가 쌓입니다. 그 역사를 정해진 양식에 옮기기만 하면 됩니다. 공적조서 쓰는 일이 더 이상 귀찮지 않을 거예요.

3-15 포스팅을 모으면, 책이 됩니다

2020년, 블로그를 하면서 꿈꿨던 것이 있어요. 바로 책을 출간하는 것, 작가가 되는 꿈이었습니다.

글을 쓰는 플랫폼이라 그런지 블로그 이웃 중에 책을 출간한다는 분들이 참 많더라고요. 가깝든, 가깝지 않든 책 출간 소식을 들으면서 '나도 작가가 되고 싶다'란 열망이 계속 커졌어요. 덕분에 독립출판에 관심을 갖게 되었고 〈폰카시〉를 출간할 수 있었습니다.

독립출판 출간 성공 이후에는 전자책으로 눈을 돌렸어요. 최근 전자책 출판 플랫폼도 굉장히 많아졌어요. 역시나 인터넷 서점에서 구입이 가능한 곳을 골라 전자책을 출간했습니다.

사실 원고 쓰는 게 어려운 거지 출판 플랫폼 이용은 그리 어렵진 않았습니다. 원고는 포스팅했던 한 학기 한 권 읽기 수업 후기를 정리하고, 서론과 결론 부분을 더했습니다. 과연 승인이 떨어질까요?

전자책 관련 검색을 해보면 "내 책을 누군가 사네?"라는 반응들을 많이 볼 수 있습니다. 즉, 내가 쓴 글이 누군가에게는 도움이 될 수도 있다는 의미입니다. 제 전자책이 유료 판매의 가치를 할 수 있을지 조금 불안하긴 하지만, 첫 번째 전자책을 만들어봤다는 경험이 가장 큰 소득이 아닐까 싶습니다.

유페이퍼 승인 완료나 다른 전자책 플랫폼 등록 도전이 다음 포스팅이 될 수 있길 기대하며, '유페이퍼에서 전자책 출판 도전!' 포스팅을 마무리합니다^^

포스팅 글처럼 원고 쓰는 게 어려운 거지 출판 플랫폼 이용은 그리 어렵지 않아요. 블로그에 꾸준히 기록을 한 덕분에 원고 작성도 그리 오래 걸리지 않았어요.

전자책 원고 작성을 위해 블로그에서 가장 많은 지분을 차지하는 '한 학기 한 권 읽기' 수업 내용을 정리할 계획을 세웠습니다. 그중 제가 활동지를 만들기도 했고, 무려 15차시 동안 수업했던 후기를 검색했어요.

수업 계획부터 마지막 수업 후기까지 8개의 글이 검색되더군요.

한 학기 한 권 읽기 <승리의 비밀> 12-15차시(이야기 요약하기, 우리 동네 정치인, 정치란 무엇인가) | 독 2021/04/28 15:45
서교육
<승리의 비밀>을 활용한 한 학기 한 권 읽기 수업이 드디어 마무리됐습니다. 15차시 워크북을 직접 만들면서...

한 학기 한 권 읽기 <승리의 비밀> 9-11차시(낱말 뜻 찾기, 내용 요약하기, 등장인물에게 질문하기) | 독 2021/04/27 12:10
서교육
<승리의 비밀> 한 학기 한 권 읽기 수업도 막바지에 가까워집니다. 물론, 계획대로 흘러가는 않았지만 아직도 쉬는...

한 학기 한 권 읽기 〈승리의 비밀〉 7-8차시(선거 포스터 만들기) | 독서교육　　　2021/04/25 10:45
〈승리의 비밀〉 온책읽기 수업 7-8차시 읽기 중 활동입니다. 전체 수업 계획의 중반을 넘어섰습니다. 지난 시간에 한...

한 학기 한 권 읽기 〈승리의 비밀〉 5-6차시(낱말 뜻 찾기, 낱말 스피드 퀴즈, 공약 세우기) | 독서교육　　　2021/04/21 14:35
아무래도 이번 한 학기 한 권 읽기 수업에서 핫시팅 활동은 빼야 할 것 같습니다. 어휘력 늘리기와 선거 관련 주제에...

한 학기 한 권 읽기 〈승리의 비밀〉 4차시(낱말 뜻 찾기, 한 문장 요약하기) | 독서교육　　　2021/04/17 13:31
〈승리의 비밀〉 책을 활용한 한 학기 한 권 읽기 수업 진행 중입니다. 오늘은 4차시 읽기 중 활동 모습입니다. 책을...

한 학기 한 권 읽기 〈승리의 비밀〉 3차시(낱말 뜻 찾기, 낱말 스피드 퀴즈) | 독서교육　　　2021/04/16 09:05
〈승리의 비밀〉 책을 활용한 한 학기 한 권 읽기 수업 진행 중입니다. 오늘 수업 한 3차시, '읽기 중 활동' 수업...

한 학기 한 권 읽기 〈승리의 비밀〉 1-2차시(표지 탐구, 낱말 빙고, 목차 보고 내용 예상하기) | 독서교육　　　2021/04/14 08:37
1학기 한 학기 한 권 읽기 수업을 시작했습니다. 자체 제작한 〈승리의 비밀〉 워크북으로 1-2차시 수업(읽기 전 활동)을...

한 학기 한 권 읽기 〈승리의 비밀〉 수업 계획서 및 워크북 | 독서교육　　　2021/04/12 16:16
이번 1학기 독서 단원(한 학기 한 권 읽기) 수업은 〈승리의 비밀〉이란 책으로 진행하려고 합니다. 작년 5월에 책을...

　　이 블로그 글을 복사해서 한글에 붙여넣었어요. '원본 형식 유지'를 선택하면 사진까지 한 번에 복사할 수 있습니다. 이렇게 원고를 작성하면 사진 화질이 좋지 않아 종이로 인쇄될 경우에는 문제가 생길 수 있어요. 하지만 전자책은 아무런 문제가 없어 시간을 절약할 수 있었습니다.

　　물론 원고를 편집하면서 퇴고 과정을 거칩니다. 목차를 정리하고, 말투를 바꾸기도 해요. 8개의 블로그 글을 1개의 전자책 원고로 바꾸는 것이니 손 볼 곳이 있긴 합니다. 그래도 하루, 이틀 정도면 전자책 출간 플랫폼 양식에 맞춰 편집을 마무리할 수 있어요.

　　이렇게 지금까지 만든 전자책이 총 4권이에요.

[그림 3-64]

　　모두 '한 학기 한 권 읽기'를 주제로 블로그 글을 정리해 만든 전자책입니다. 표지 만드는 것이 어려워 색깔과 제목만 바꾸기도 했고, 책 내용도 완벽하지 않아요. 하지만 전자책을 완성했고, 스스로 '작가'라는 타이틀에 가까워지는 것을 느낄 수 있었습니다.

　　덕분에 한발 더 나아갈 수 있었어요. 이 전자책 원고를 모아 독립출판을 이용해 종이책 한 권을 출간해냈습니다.

[그림 3-65]

자세히 들여다보면 블로그에 써 왔던 글을 모은 것일 뿐이지만 200쪽에 가까운 책의 원고를 혼자서 완성했다는 경험이 굉장히 중요했어요. 이 경험이 저의 첫 번째 책 〈문해력 마법 학교: 동시(그린애플)〉와 이 책의 원고를 쓰는 원동력이 되었고요. 결국 시작은 블로그인 셈입니다.

요즘 많은 사람들이 '작가'가 되기를 원합니다. 작가가 되기 위해 많은 비용을 지출하거나 시간을 할애하는 분들도 많고요. 하지만 블로그만 꾸준히 해오셨다면 이런 비용과 시간을 아낄 수 있습니다. 블로그 글이 쌓일수록 책의 원고가 될 수 있는 소재도 쌓였을 테니까요.

제 책을 보며 블로그 글을 꾸준히 적어 오셨다면, 이제 작가의 꿈을 꿔 보시길 바랍니다. 일단 비슷한 주제의 블로그 글을 묶어보세요. 금방 전자책 한 권이 완성될 겁니다.

교사,
블로그를 하다.

블로거가 되기 전에는
몰랐던 것들

BLOG

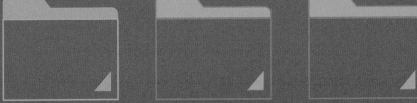

PART **4**

블로거가 되기 전에는 몰랐던 것들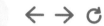

4-1 블로그는 나만의 빅데이터

학기 초가 되면 하는 일이 하나 있습니다. 내가 맡은 업무 전임자의 작년 공문을 검색해 첨부파일을 내려받는 일입니다. 필요하면 2년, 3년 전 공문까지 뒤져보며 1년의 업무 흐름을 파악하려고 노력합니다. 반대로 학기 말에는 1년 동안 작업한 업무 파일을 정리해 웹하드나 USB에 저장합니다. 다음 해의 저를 위해서든, 후임자를 위해서든 굉장히 소중하게 파일을 보관하고 있죠.

그런데 정작 교사 본연의 업무인 수업을 위한 자료를 백업하거나 정리하는 일은 쉽지 않습니다. 수많은 수업 자료를 위한 저장 공간 확보도 어렵지만, 다른 학년 수업이라도 맡게 되면 1년을 묵혀야 할지도 모르는 일이니까요. 한글 문서가 대부분인 학교 업무 파일은 몰라도, 영상이나 슬라이드 자료를 포함한 수업 자료는 결국 삭제하게 되는 아픔을 경험합니다.

혹시 저만 이런가요?

하지만 전 블로그를 통해 이런 아쉬움을 달랠 수 있었어요. 블로그에는 자료

관리에 편리한 '카테고리'와 '검색', '링크' 기능이 있습니다.

블로그에 올린 글은 카테고리를 만들어 비슷한 주제끼리 묶어 놓을 수 있습니다. 내가 꾸준히 모으려고만 한다면 컴퓨터 폴더에 정리하듯 블로그에 자료를 저장하는 것이 가능해요. 블로그에는 사진, 동영상, 파일을 모두 저장할 수 있기 때문입니다. 6학년 수업 일지를 꾸준히 작성한다면 몇 년이 지나 6학년을 다시 맡았을 때 수업 흐름은 물론 수업 사료까지 편하게 얻을 수 있습니다.

카테고리 정리가 잘 안 된다면 검색 기능을 이용해도 좋습니다. 블로그는 언제든 내가 쓴 글 중에 원하는 내용을 검색으로 불러올 수 있습니다. 원하는 정보나 자료를 얻기 위해 내 블로그에 들어가 검색을 하면 됩니다. 블로그 검색은 제목과 내용을 모두 포함하기 때문에 컴퓨터에서 파일을 검색하는 것보다 훨씬 광범위한 자료를 검색할 수 있습니다.

나의 글과 글을 연결하는 링크 기능을 활용하면 관련된 자료를 더 끈끈하게 묶어둘 수 있습니다. 이전 글을 새로운 글에 링크해두면 클릭 한 번으로도 이동할 수 있게 만들어 줍니다. 내가 영감을 받은 글이나 관련된 글을 링크 기능으로 본문에 넣어 두면 굉장히 빠르게 접근할 수 있습니다. 새로운 글 하나를 쓰더라도 이전 글과 연결하면서 내용을 더욱 방대하게 만들 수 있다는 장점도 있고요.

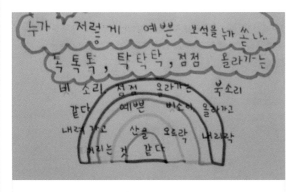

올해도 국어 1단원은 '감각적 표현'을 배우는 시간입니다.

3학년 국어 1단원, 시 바꿔쓰기
초등학교 3학년 1학기, 국어 1단원에서는 '감각적 표현'을 공부합니다. 시…
blog.naver.com

작년에는 시 감상회 시간을 가졌었는데, 올해는 감각적 표현 짝 찾기 놀이로 수업을 진행했어요. 좋은 시 읽기는 다음 시간에 해보려고 합니다.

사실 중요한 것은 내가 올린 자료를 찾는 것에서 끝나는 것이 아닙니다. 자료를 찾거나 내 글을 읽다 보면 또 다른 영감이 떠오르기도 합니다. 내가 쓴 글과 만든 자료의 저작권은 나에게 있으므로 얼마든지 인용하거나 발췌할 수 있습니다.

[그림 4-2]

수업 시간에 따로 하지 않아도 아이들이 꾸준히 하고 있어서 뿌듯하네요.(물론 2주에 한 번 정도 책열매 좀 하라고 이야기를 하긴 합니다 ㅎㅎㅎ)

어쨌든 책열매 현장 지원단의 마지막 임무는 교수학습 자료를 개발하는 거였어요. 아무래 도 선생님들 입장에선 좋은 자료가 있으면 책열매 사이트 활용 빈도가 높아질 테니 지원단 의 중요한 임무 중 하나가 되었습니다.

저는 한 학기 한 권 읽기 수업 때 활용했던 〈승리의 비밀〉 자료를 개발하기로 결정했어요. 이미 만들어 둔 학습지를 책열매 사이트 활용에 맞추어 대폭 수정했고요.

새로운 자료 제작을 할 때 큰 도움이 되기도 합니다.

[그림 4-3]

예전에 만들어 둔 활동지가 있는데 3학년에 맞게 수정을 했어요.

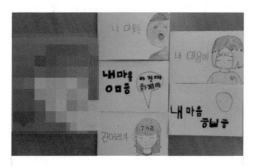

그림책 독후 활동 - 〈내 마음 ㅅㅅㅎ〉 읽고 감정 그림책 만들기
전에 계획했던 〈내 마음 ㅅㅅㅎ〉 독후활동 수업을 마무리했습니다. 국어 …
blog.naver.com

도화지를 이용해 4쪽짜리 그림책 만들기 활동을 했었는데, 올해는 초성 퀴즈 놀이로 바꿨습 니다. 대신 '감정 표현 낱말'에 대해 조금 더 집중해서 이야기를 나눴어요.

예전에 썼던 수업 후기를 참고하여 사용 학년이나 주제에 따라 아이디어를 보태거나 덜어낼 수도 있습니다. 기본 데이터가 있다면 변경하거나 확장하는 것은 처음보다 훨씬 수월할 수밖에 없어요. 꾸준히 블로그 글을 쓰면 쓸수록 새로운 콘텐츠를 만드는 것이 조금 더 쉬워지는 것을 금방 느끼실 수 있을 겁니다.

학교의 경우 비슷한 행사, 수업이 반복되기 때문에 그야말로 나만의 빅데이터를 만들어낼 수 있습니다. 데이터로부터 가치를 추출하고 결과를 분석하여 새로운 가치를 창출해낼 수 있다는 말입니다.

기존 글을 바탕으로 새로운 글을 썼다고 이전 글이 사라지는 것은 아닙니다. 오히려 한 개, 두 개 쌓일수록 글의 수는 늘어나고 내용의 깊이는 더 깊어지는 것을 경험할 수 있습니다.

블로그에 몇 년째 새학기 첫날 계획을 올리고 있어요.

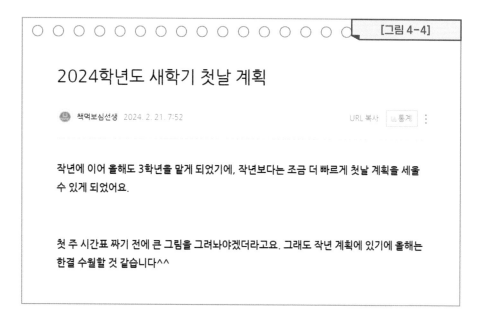

해마다 조금씩 정돈되고 있다는 것을 느낍니다. 계속 이어나간다면 첫날뿐만 아니라 모든 수업, 모든 행사 계획이 정리될 날이 올지도 모르겠네요.

빅데이터의 유행은 앞으로도 계속될 겁니다. 수많은 데이터 중 나에게 맞는 것을 찾는 일이 더욱 중요해질 것이고요. 블로그에 나만의 기록을 남겨보세요. 여러분에게 꼭 맞는 나만의 빅데이터가 완성될 것입니다.

4-2 사람의 정을 느끼다

앞에서 이야기한 폰카시 프로젝트를 진행할 때였어요. 독립출판은 처음이었기에 좌충우돌하고 있었죠. 아이들 동시 지도를 하면서 독립출판 플랫폼에서 제공하는 양식에 맞게 원고를 편집하느라 꽤 고생을 했습니다. 그런데 원고만 편집하면 끝나는 게 아니더군요. 책 크기나 표지 재질도 결정해야 하고 무엇보다 표지를 직접 제작해야 했어요.

미적 감각은 물론 디자인 지식은 전혀 없던 저의 가장 큰 난관이었습니다. 출간 이후에 불편함이 예상됐지만, 플랫폼에서 제공하는 무료 표지를 사용해야 하나 진지하게 고민했어요. 그때, '폰카시 쓰기 프로젝트 10주 차' 글에 댓글이 달렸습니다.

[그림 4-5]

한창 댓글로 교류를 나누던 이웃 한 분이 직접 만든 표지 네 장을 올려주신 거예요. 독학으로 디자인 공부를 하신다며 결과물을 블로그에 올리시는 걸 보긴했는데, 저희 책 표지를 만들어 주셨을 줄이야!

이후 출간 작업은 일사천리로 진행됐습니다. 표지 재질은 이웃 '윤단밤'님이추천해주신 걸로 정했고, 플랫폼에서 원하는 규격의 표지도 완성되었습니다.

[그림 4-6]

이 미리보기는 실제 책 규격이나 표지 디자인과 완전히 일치하지 않습니다.

폰카시

나만 쓰고 시우는 초등학생들의 책

삼양중이집

로고 색상
○ 기본
◉ 흰색
○ 검은색

저는 감사하게도 윤단밤님께서 표지를 예쁘게 만들어 주셔서 활용하게 되었습니다. 미리보기에는 위치가 조금 안 맞아 보이는데 원래 그럴 수 있다는군요. 고객센터 문의 결과 원고 내용 승인이 떨어지면 최종 원고본을 다시 메일로 보내준다고 합니다.

덕분에 출판 승인까지 별 무리 없이 진행되었고, 〈폰카시〉가 세상에 나올 수 있었습니다. 현실 세계가 아닌 블로그의 이웃에게 이런 도움을 받을 줄은 상상도 하지 못했어요. 얼굴도 마주 보지 않고, 댓글로만 소통하는 사이에 불과한데 말이죠.

어쩌면 블로그 이웃들은 가족 다음으로 가장 많은 일상을 공유하는 사람들일지도 모릅니다. 제가 새로운 글을 올릴 때마다 블로그에 방문해 글을 읽어 주시고 댓글을 달아주시는 분들도 있거든요. 반대로 저 또한 거의 매일 방문하는 이웃이 있을 정도고요. 얼굴을 보진 않지만, 누구보다 서로의 하루를 이해하고 공감해주고 있는 셈이지요.

[그림 4-7]

아내가 넣어주는 밥 먹고 약 먹으며 고비라는 3일을 버텨냈습니다.

이틀간은 고열에 두통에 근육통까지 먹고 자고 먹고 자는 일상을 반복했는데, 이제는 좀 다른 생각도 들기 시작하네요. 몸이 회복하는 과정인가 봅니다.

저 대신 고생해 주시는 여러 선생님들께는 죄송스러운 마음이 크지만, 얼른 푹 쉬고 다 나아서 건강하게 복귀하는 게 감사의 표시라 생각해야겠습니다.

이 짧은 글을 쓰는데도 어지럼증에 식은땀이 좀 나네요. 블로그에도 곧 건강한 모습으로 인사드리겠습니다^^

●●●●●

아이고 선생님 ㅜㅜ 고생하시겠네요 어째요...
가족들은 괜찮아서 다행이지만 계속 잘 지켜보셔야겠어요~
무리하지마시고 약 잘 챙겨드시고요...
후유증없이 잘 지나가길 바랄게요~
2022.9.5. 21:15 | 신고

답글   ♡ 0

ㅠㅠ 열심히 바이러스와 싸우고 계시는군요.
처음에 링거 하나 맞으면 훨 수월하게 넘어가는 것 같았는데..
격리되어 있으면서도
동료샘들에게 미안한 마음.
아이고..공감되어 더 안타깝네요.
휴유증없이 잘 회복되길 기도합니다.
2022.9.6. 07:23   신고

답글   ♡ 0

힘든 일이나 기쁜 일이 있을 때 블로그에 전하고 싶어 글을 쓰는 이유도 이웃들의 따뜻한 위로와 격려가 있기 때문인 것 같아요.

인간은 감정의 세계에서 태어나고 살아갑니다. 우리는 기쁨과 슬픔, 사랑과 분노, 그리고 두려움과 희망 등 다양한 감정을 경험합니다. 이런 감정은 우리의 삶에 색을 더해주며, 서로를 이해하고 소통할 수 있게 도와줘요.

블로그는 이러한 감정들을 솔직하게 공유하고 소통할 수 있는 플랫폼으로 우리가 서로의 이야기를 듣고 공감하는 공간이기도 합니다. 블로거들은 자신의 경험과 생각을 글로 풀어내는 과정에서 다양한 감정들을 표현하게 됩니다. 글을 읽는 사람들은 그 감정에 공감하고 글을 통해 사람의 정을 느낄 수 있고요. 단지 글, 댓글로만 소통하는 것이 아니라 감정과 감정이 오가는 제대로 된 소통을 하는 셈입니다.

저는 '윤단밤'님과의 일화 이후 이웃을 보는 시각이 많이 바뀌었어요. 조금 더 진심으로 글을 읽고 더 성의있게 댓글을 쓰자고 마음먹었습니다. 덕분에 꾸준한 활동이 어려운 블로그 세계에서 초창기부터 교류했던 이웃들이 꽤 많이 남았다고 생각합니다. 앞으로도 더 많은 이웃과 소통할 것이고요.

특히 요즘은 선생님들이 운영하는 블로그를 방문하는 것을 즐기고 있습니다.

교실과 교육 이야기가 주를 이루는 교사 블로거와의 소통은 또 다른 의미를 더하기 때문입니다. 감정과 감정이 오가는 것은 물론 더 깊은 공감의 기회가 생깁니다.

다른 선생님들의 고충을 엿볼 때는 나만 힘든 것이 아니라는 위로를 받는 듯합니다. 멋진 수업 모습과 수업 자료는 저에게 조언해주는 듯합니다. 제 글을 읽고 댓글을 남겨주는 분들에게는 니만 힘든 것이 아니라고, 지금 잘하고 있다고 이야기해 주는 듯합니다.

아이들에게 빨리 가려면 혼자 가고 멀리 가려면 함께 가라는 말을 많이 쓰곤 합니다. 블로그의 세계도 마찬가지였습니다. 제 글을 읽어주시는 여러 방문자가, 그리고 힘을 실어주시는 수많은 이웃 덕분에 지금까지 블로그를 운영해 올 수 있었습니다.

사람 냄새 나는 공간인 블로그에서 현실보다 더 두터운 정을 느껴보시기 바랍니다.

4-3 N잡의 세계

3~40년 동안 한 직장에 몸담다 퇴직하는 것을 남들이 부러워하던 시절이 있었습니다. 하지만 시간이 지남에 따라 '평생직장'이란 말이 어색할 정도로 시대가 변했습니다. 직장과 개인 삶의 균형을 중시하는 '워라밸'에 이어 3~40대에 조기 은퇴를 꿈꾸는 '파이어족' 같은 말이 유행하게 된 것이죠.

최근엔 'N잡러'가 대세입니다. 'N잡러'란 2개 이상의 직업을 동시에 병행하고 있는 사람을 말합니다. 본업 외에 여러 부업을 병행하거나 본업과 부업의 경계가 모호한 직장인들이 많아지고 있는 겁니다.

2023년 잡코리아와 알바몬이 진행한 설문조사 결과 직장인 응답자 중 89%가 본업과 병행해 'N잡을 한 경험이 있다'고 답했습니다.

공무원의 가장 큰 장점 중 하나는 안정성이 높다는 것입니다. 특별한 사유가 없거나 본인의 의사가 바뀌지 않는다면 정년까지 근무하는 것이 보장된 직업입니다. 나라가 망하지 않는 한 월급을 못 받을 수 있다는 불안감이 없습니다. 심지어 퇴직 이후에는 차곡차곡 쌓은 공무원 연금 수령이 기다리고 있고요. 특히 교육 공무원은 특수한 호봉 체제로 급여 수준도 나쁘지 않았습니다. 거기에 방학이라는 큰 메리트는 우수한 인재를 교사로 유입시킬 수 있게 만들었습니다. 하지만 이제 상황이 바뀌고 있어요.

최근 공무원의 직무 효율성을 높이기 위해 임금 피크제나 경쟁 체제를 도입하자는 주장이 제기되고 있습니다. 지금이야 퇴직 때까지 호봉에 따라 점점 높아지는 급여를 받고 있지만 십수 년 뒤에도 그럴 것이란 보장이 없어요. 심지어 공무원 연금은 수령 대상자인 교사에게는 불리하게만 바뀌고 있고, 앞으로도 그럴 가능성이 큽니다. 이런 상황에서 사회는 공무원에게 점점 더 높은 도덕성과 직무능력까지 요구하고 있습니다. 2023년에는 수면 아래에 감춰져 있던 교사들에게 불합리하던 학교 시스템이 만천하에 드러나기도 하였고요.

이러다 보니 현실적으로 대비가 필요하다고 생각하는 교사들이 생기기 시작했습니다. 교사로서 정년까지 월급만 받으면 살 수 없을지도 모른다는 인식이 커진 것이죠. 혹은 예상치 못한 일로 교사를 그만둬야 할지도 모른다는 불안감도 생기고 있습니다. 그래서인지 최근 정년퇴직이나 명예퇴직이 아닌 의원면직으로 교직을 떠나는 분들의 글을 많이 찾을 수 있게 되었어요.

[그림 4-8]

한편으론 의원면직 대신 부수입 창출을 위해 노력하는 움직임도 커지고 있습니다. 교사는 원칙적으로 직무와 관련되지 않은 겸직은 불가능하므로 N잡이란 말 자체가 적합하지는 않아요. 금융 투자를 통해 '금융투자자'나 지속적인 책쓰기로 '작가'를 겸하는 것이 가능할 뿐이었습니다. 하지만 본업인 수업 지식과 기술을 활용해 퇴근 후에 부수입을 창출하는 분들을 많이 볼 수 있게 되었습니다. N잡은 아니지만 N잡에 가깝게 활동 범위를 넓히는 분들이 늘고 있는 것이죠.

코로나19로 인해 많은 선생님이 강제로 유튜버가 될 수밖에 없었고, 수익을 얻으시는 분들도 생겼어요. 덕분에 '교원 인터넷 개인 미디어 활동'과 '겸직 신청'과 관련된 공문을 자주 볼 수 있게 되었습니다. 그런데 자세히 보면 제약 사항이 너무 많습니다. 교원의 개인 미디어 활동을 권장하기보다는 위축시키려는 게 아닐까 싶을 정도로 복잡합니다. 이 어려움을 딛고 많은 구독자를 보유한다고 해도 악플이나 말도 안 되는 민원으로 고생하시는 경우도 있고요.

그런 면에서 조금 더 손쉽게 시작할 수 있는 것이 블로그가 아닐까 싶습니다. '글'이 위주가 되는 공간이다 보니 활동 제약이 적습니다. 아이들 얼굴이나 정보가 등장할 일이 적으니까요. 콘텐츠 아이템 기획에 영상 편집 기술까지 필요한 유튜브에 비해 블로그는 초반 진입장벽이 더 낮다고 볼 수 있습니다.

물론 블로그만으로 큰 수익을 얻는 것에는 한계가 있습니다. '로우 리스크, 로우 리턴'인 셈이지요. 하지만 블로그에 정리한 노하우를 정리해 나만의 연수를 기획해 강사로 활동할 수 있는 가능성이 커집니다. 꾸준한 블로그 글쓰기로 글쓰기 근육을 키운다면 책쓰기에 도전할 수도 있고요. 콘텐츠 제작이 익숙해지면 유튜브나 다른 SNS로 활동 무대를 확장할 수도 있습니다. 블로그가 전부가 아닌 블로그가 새로운 도약의 기회를 제공할 수 있다는 겁니다.

'실력은 실행력의 준말'이라는 말이 있습니다. 실력을 키우기 위해선 실행력이 뒷받침되어야 한다는 것이죠. 아무리 좋은 것도 시작하지 않으면, 실행하지 않으면 아무런 소용이 없습니다. 일단 블로그로 여러분의 활동 범위를 넓혀 보시기 바랍니다. N잡의 세계로 한 발 내디뎌 보시기 바랍니다.

2021년 6월은 저에게 큰 의미가 있는 달입니다.

[그림 4-9]

책먹보 심선생

책먹보 심선생의 독서와 교실

독서교육에 관심이 많은 초등학교 교사. 책 출판을 목표로 오늘도 적습니다.

한 학기 한 권 읽기 '표현 활동' - 움짤 북트레일러 만들기(뱀파이어...

뿌듯해 사자성어 (+속담)

드디어 '책먹보 심선생의 독서와 교실'이 6월 이달의 블로그에 선정되었습니다.

바로 교육·학문 분야 이달의 블로그로 선정되었던 달이거든요. 2020년 3월 31일 첫 글을 올리고 1년 동안 꾸준히 블로그 활동을 한 것에 대한 보상을 제대로 받았던, 저에게는 일종의 큰 사건이었습니다.

사실 이달의 블로그에 선정되었다고 엄청난 변화가 생기진 않았어요. 서로이웃 신청이 조금 더 있긴 했지만 방문자가 기하급수적으로 늘거나 유명인이 된 것은 아니었지요. 그러나 저와 교류하는 블로거를 넘어 블로그 플랫폼 그 자체에서 인정받았다는 사실에 저 스스로 마음가짐이 더 단단해졌습니다. 제 글에 도움을 받는 사람이 있고, 좋아해 주는 사람이 있다는 사실이 기뻤습니다.

덕분에 블로그 활동에 대한 자신감이 훨씬 커졌어요. 조금 더 적극적으로 글쓰기와 블로그 홍보를 해도 괜찮겠다는 생각이 들었습니다. 아이들의 시를 묶은 〈폰카시〉 출간 도전의 원동력이 되기도 했습니다. 이웃들의 응원과 블로그에 올린 '공언'이 어려운 도전을 가능하게 했어요.

2023년 9월에는 〈문해력 마법 학교: 동시(그린애플)〉란 책을 출간하기도 했습니다. 이 책 출간의 시작도 블로그였어요. 출판사에서 제가 올린 독후 활동지를 보고 자료 제작 협업을 의뢰해주셨습니다. 그렇게 활동지 제작 작업을 하던 중 담당자께서 제가 블로그에 올린 '폰카시 출간 프로젝트' 글을 읽게 되셨대요. 덕분에 동시를 활용한 어린이 교양 도서 기획의 저자로 저를 떠올리게 되었다고 합니다.

블로그 글로 인연을 맺고, 또 다른 글 덕분에 새로운 인연이 생기며 책 출간이라는 결과를 가져왔어요. 여기서 끝이 아닙니다. 책 출간은 네이버 인물정보 등록이라는 제 인생의 또 하나의 변곡점을 마련해 주었습니다.

심재근
교사, 작가

| 전체 | 프로필 | 수상 | 최근활동 | 작품활동 |

출생   1986.
소속   석사초등학교(교사)
학력   춘천교육대학교 교육대학원 석사
수상   2021년 교육부장관 표창
경력   2021 네이버 6월 이달의 블로그 교육, 학문분야
        강원특별자치도교육청
사이트   블로그, 인스타그램
작품   도서, 관련활동

본인 또는 대리인이 직접 관리하는 정보입니다.
본인참여 2024.01.03. ⓘ
인물정보 본인참여 · 직업별 등재기준

[그림 4-10]

제가 블로그를 시작하지 않았다면 이런 일이 생겼을까요? '작가'란 직업으로 제 인물정보가 등록될 수 있었을까요? 블로그를 시작한 2020년에는 상상도 하지 못했던 일이에요. 그리고 앞으로 어떤 일이 벌어질지 모를 일이고요. 분명한 건 블로그가 제 인생에 있어 엄청난 변화를 만들었다는 것입니다.

소비자에 불과했던 제가 창작자가 되었습니다. 수동적인 사람이었던 제가 능동적으로 도전하기 시작했습니다. 이제 새로운 도전이 두렵지 않고, 오히려 설레는 마음이 들기 시작했습니다. 블로그라는 작은 계기가 지금의 새로운 저를 만들었습니다. 그리고 이 책을 읽는 여러분들도 당연히 그렇게 변화할 수 있다고 믿습니다.

교사,
블로그를 하다.

4-5 [책먹보심선생의 독서와 교실]

'책먹보심선생의 독서와 교실' 블로그를 올린 지 만 4년이 넘었습니다.

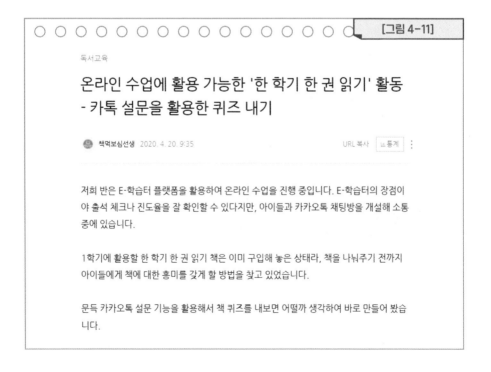

[그림 4-11]

독서교육

온라인 수업에 활용 가능한 '한 학기 한 권 읽기' 활동 - 카톡 설문을 활용한 퀴즈 내기

책먹보심선생 2020. 4. 20. 9:35   URL 복사 ᴵᴵᴵᴵ통계 ⋮

저희 반은 E-학습터 플랫폼을 활용하여 온라인 수업을 진행 중입니다. E-학습터의 장점이야 출석 체크나 진도율을 잘 확인할 수 있다지만, 아이들과 카카오톡 채팅방을 개설해 소통 중에 있습니다.

1학기에 활용할 한 학기 한 권 읽기 책은 이미 구입해 놓은 상태라, 책을 나눠주기 전까지 아이들에게 책에 대한 흥미를 갖게 할 방법을 찾고 있었습니다.

문득 카카오톡 설문 기능을 활용해서 책 퀴즈를 내보면 어떨까 생각하여 바로 만들어 봤습니다.

아직도 첫 수업 후기를 올렸을 때의 긴장감을 기억합니다. 누군가 내 글을 읽어 줄까 궁금했고, 잘못 올리진 않았는지 여러 번 확인했었습니다.

활동지를 제작하며 내 자료가, 내 글이 누군가에게 도움이 될 수도 있다는 희열을 느꼈습니다. 한편으론 엄청나게 공들여 만든 자료가 부족하게 보일까 두려워 금세 만든 척하기도 했지요.

방문자 수가 10,000명이 넘었다고 신이 났던 '독서세끼 심선생'은 이제 방문자 수 300,000명에 4,800명의 이웃을 자랑하는 '책먹보심선생'으로 성장했습니다.

그동안의 성장 기록을 모두 블로그에 남겼고, 그 성장을 바탕으로 이 책을 쓰게 되었습니다. 짧지 않은 기간이었고 쉽지 않았지만 결국 해냈습니다. 저보다 더 오래 블로그를 하시고, 더 많은 방문자가 들른 블로그도 많습니다. 하지만 블로그 관련 책을 남겼으니 스스로 블로그 전문가라 자신 있게 이야기할 수 있게 되었습니다. 이것만으로도 전 충분히 성공한 블로거라고 얘기할 수 있을 겁니다.

하지만 이것이 다가 아닙니다. 앞에서 이야기했듯 전 정말 많은 것을 배우고 느꼈습니다. 몇 년이 될지, 몇십 년이 될지 모르지만, 앞으로의 교직 생활에 있어 엄청난 원동력이 생겼습니다.

이 기쁨을 다른 분들에게 알려드리고 싶었습니다. 이 책을 통해 많은 분이 블로그를 운영하고, 자신의 경험과 지식을 공유하는 것에 대한 장점과 가치를 알게 되었으면 좋겠습니다. 그리고 인생의 또 다른 즐거움을 느껴보셨으면 좋겠습니다.

전 앞으로도 새로운 목표를 이루는 과정을 '책먹보심선생의 독서와 교실'에 성실하게 기록할 것입니다.

[그림 4-14]

어떤 목표일지, 또 목표 달성까지 얼마나 걸릴지 아직은 모릅니다. 확실한 것은 이 여정을 여러분과 함께하고 싶다는 것입니다. 길고 먼 여정을 함께 할 수 있는 서로의 이웃이 되어주면 좋겠습니다.

그래 주실 거죠?

저자 소개

춘천 석사초등학교에 재직 중인 16년 차 교사입니다. 오랫동안 초등교육 현장에서 학생들의 문해력 부족을 고민한 결과, 독서와 글쓰기 분야에서 다양한 활동을 시도해 왔습니다. 이를 통해 교실의 기록에 대한 중요성을 깨닫게 되어 블로그를 시작하게 되었습니다. 네이버 블로그 [책먹보심선생의 독서와 교실]에 교실 수업 후기, 도서 서평 및 활동지 제작, 학생 작가 만들기 프로젝트 등을 꾸준히 기록한 덕분에 이달의 블로그에 선정되기도 하였습니다. 학급 친구들의 참여로 완성한 동시집『폰카시』,『시, 쓰다』,『시, 쓰다 2』등을 출간했고, 저서로『문해력 마법 학교 : 동시』,『신비한 지식 동물원 : 환경』(공저)가 있습니다.

블로그: https://blog.naver.com/chungmyong2
인스타그램: @shim_teacher

교사, 블로그를 하다

초판발행　　2024년 7월 31일

지은이　　　심재근
펴낸이　　　노　현

편　집　　　소다인
기획/마케팅　이선경
표지디자인　Ben Story
제　작　　　고철민·김원표

펴낸곳　　　㈜ **피와이메이트**
　　　　　　서울특별시 금천구 가산디지털2로 53, 210호(가산동, 한라시그마밸리)
　　　　　　등록 2014. 2. 12. 제2018-000080호
전　화　　　02)733-6771
ｆａｘ　　　02)736-4818
e-mail　　　pys@pybook.co.kr
homepage　　www.pybook.co.kr
ISBN　　　　979-11-6519-946-3　03370

정　가　　　20,000원

박영스토리는 박영사와 함께하는 브랜드입니다.